晩年のカント

中島義道

講談社現代新書

2603

はじめに

私は七四歳になった。哲学を志してから五四年が経つ。そのあいだ、真理がわずかでも姿を現してくれたであろうか？　そうは言えないように思う。若いころは、カントをはじめ大哲学者たちの思索の高みに達することができたら、真理はより自分に見えてくると思っていたが、どうもそうではないらしいという予感が五〇歳を越えるあたりからじわじわと自分の体内に広がってきた。とはいえ、進歩していないわけではない。若いころの「浅はかさ」は痛いほどわかるようになり（私は哲学においてとくに晩生（おくて）なので）、還暦を過ぎても古稀を過ぎても、不思議なほど「進歩する」ことをやめないのである。

むしろ、「若気の至り」を痛感するからこそ、当時わずかにでも解けたと思った問題は、じつのところ解ける糸口にも達していないこと、しかも、たとえそれが解けたとしても、その向こうにはさらに難問が控えていることが、体験的にわかってきた。哲学とはそういうものだ、ということがわかってきたということである。

それにしても、われながら不思議なことは、私は卒論でカントを選んで以来、五〇年以上にわたって、カントを手放さなかったことである。「不思議」とは、私はカントの超越論的観念の基本構造には自分なりに賛同したとしても、その理性主義（本書を読めば次第にわかってくれるであろう）には、ずっと違和感を覚えていた。まして、カントという人間は、（私の学生時代には、カントをまさに哲学者の鑑として崇拝するカント学徒も少なくなかったが）私にとって長いあいだ「ああはなりたくない」典型であった。

では、なぜそれにもかかわらずカントなのか？　こういう問いに答えようとすると、つい無から有を産みだすような、すなわち心の片隅にもない説明のための説明をもってきてしまいがちだが、そうならないように警戒に警戒を重ねたうえで、少なくとも次のことは言えよう。

かつて、本郷で岩崎武雄先生の『純粋理性批判』の演習に出ていたが、眠くなるような退屈な授業の中で一つだけ鮮明に憶えていることがある。それは、「カントの哲学的な問いに対する解答はそれほど優れたものではないが、その問いはすばらしい」という先生の言葉である。五〇年間カントを読んでまったくその通りだと思う。

ふたたび逆説を弄する（ろう）と（？）、カントはあまりにも問いの重さをひしひしと感じたからこそ、そして、その問いの重さにどこまでも誠実に対したからこそ、ぶざまに歯切れ悪くしか答えられなかった。答え方がとても下手なのである。こういうカントに自分を馴らしていくと、他の哲学者たちの、あらゆる問題を手際よく巧みに解いてしまう姿勢に、はなはだ違和感を覚えてくる。彼らにそれができるのは、問いを答えられるようにうまく限定したからである。枝葉を切り取って、答えやすいかたちに剪定したからである。カントによれば、哲学とは問い続けること、答えがさしあたり見あたらなくても、期待できなくても、もしかしたら答えられないのではないかと思っても、問い続けること。なぜなら、それがわれわれの「運命」だから、ということである。あらためてここで、『純粋理性批判』冒頭の言葉を引用しておこう。

人間的理性はその認識の或る種類において特異な運命をもっている。それは、人間的理性が拒絶することはできないが、しかし解答することもできないいくつかの問いによって悩まされているという運命であって、拒絶することができないというのは、それらの問いが理性自身の本性によって人間的理性に課せられているからであり、解答することができないというのは、それらの問いが人間的理性のあらゆる能力を超え出ているからである。（『カント全集』第四巻、一二三ページ）

カントは「真理」をわかろうと全身全霊で奮闘しながら、「わかった」と決めてかかる独断論と「わからない」と決めてかかる懐疑論の狭間にみずからを据えて、わずかもぶれることなくその地位に留まり続けた。こうした態度に、私は知的誠実性の極致を見るのである。

哲学に携わり、真理を直ちに突き止められるわけではないが、その在処（ありか）に感づいてくると、やがて大きな誘惑が襲ってくる。その一つは、自分は少なくとも他の哲学者より真理に近づいている、物が見えているという傲慢さであり、もう一つは、「どうせわかるわけはない」という投げやりな態度（これも傲慢）である。私はとりわけこの両者の傾向が強い人間であると自覚しているので、このどちらかの傲慢に陥るたびごとに（ああ何度あったことか！）、やがてカントの鋭い洞察に身を射られて、甘美で怠惰な誘惑から解放されたのである。こうして、まさに私は「課せられているが、解答することができない問い」に引きずり回されたあげく、どこにも確固たる漂着点がないことを悟ること、それが「哲学する」ことであることを、五〇年以上かけてようやく肌に染み入るようにわかった次第である。

カントにとって、「課せられているが、解答することができない問い」とは神の現存在であり、魂の不死であり、自由であった。私の場合、この三つが「私が現にある」とはいかなることか、という唯一の問いのかたちをとって、私に迫ってくる。「私が現存していること」に、偶然を超えた何らかの確固とした理由があるのであろうか（これが神の現存の問いにほかならない）？　私は死んでしまったら完全な無なのであろうか（これが不死の問いである）？　そうだとすると、生きることに何の意味があるのであろうか（これが自由〈善悪あるいは生きる目的〉の問いである）？　私は、これらの問いに確定的に答えることはできないことを予感しつつも、これらに関わり、これらに引きずり回されている。なぜなのか？　この人生において、どうしても他に価値のあることを見出せないからである。

さて、次にカントという人間であるが、私のお気に入りの哲学者はいくらでもいる。キルケゴールやサルトルは大好きだし、デカルトもパスカルもスピノザもヒュームも悪くない。これに対して、カントという男はとにかくまじめ一徹の道学者という印象が強く、長いあいだ、むしろ反感を抱いていた。しかし、ウィーンから戻って本格的にカント研究に取り組もうと（？）、四〇歳を過ぎて、『実用的見地における人間学』（以下、略して『人間学』と呼ぶ）や『自然地理学』にも目を通し、そのころさかんに翻訳された彼の伝記を読み進めるうちに、カントのうちに「あれっ」と驚くような人物を見出すことになった。これまでわが国で伝えられてきた堅物の結晶のような哲人とはまるで違った血の通った、いや俗物の塊のような、ユーモアのセンス溢れる男に出会い、その難解きわまりない、しかもバカがつくほどの理想主義的な姿勢との乖離にひどく感動したのである。

そこで、私はそうしたカントに焦点を合わせてカントの生涯を、一人の男という低い目線からたどってみた。それが四六歳のとき（一九九二年）に刊行した『モラリストとしてのカントⅠ』（北樹出版）であり、これは後に（一九九七年）『カントの人間学』と改題して講談社現代新書に入った。

そして、私自身、歳を重ね、世界の相貌も若いころとは次第に変わってくるようになって、哲学に足を突っ込んだことを後悔はしないものの、何もわからないまま死んでいくのか、という恐怖におののいているこのごろ、ふたたびカントという人間、とりわけその晩年に興味を抱くようになったのである。カントほどの大哲学者は、老境に達したとき、どのように生きたのであろうか？　カントほどの大哲学者の晩年とはいかなるものであろうか？　精神の荒廃が進む晩年の数年、大哲学者は何を考えていたのか？　興味は尽きることがない。

こうして、ふたたび彼の晩年について昔の知識を呼び戻すうちに、老カントのうちには「老成」とは真逆の、どこまでも真理と格闘し、周囲の哲学者や官憲とさえ戦う血の気の多い姿勢が見られて、私は感動を新たにしたのである。それればかりではない。その老後には、悟りきった「賢人」とは真逆の、加速度的に濃度を増す懐疑論の淵にたたずむ姿勢が見られる。さらに、認知症によって完全に子どもに戻った哀れにも可愛らしい姿がある。私は『純粋理性批判』のあの超人的なほどの強靭な思索からこの無防備な子どもに戻った姿まで、すべてを含んで、あらためてカントを「尊敬している」と言えるようになった。あえて逆接的な言を発すれば、そのスケールの大きいぎこちない下手な生き方に共感するのである。

ちょっと具体的にカントの晩年を覗いてみよう。彼は一七二四年生まれであるが、(いまの私と同じ)七四歳のころ(一七九八年)は、何をしていたのであろうか? 八年ほど前に(一七九〇年)、三批判書の最後を飾る『判断力批判』を書き上げていた。だが、カントが七〇歳になる前年(一七九三年)、彼に思わぬ禍が降りかかってきた。『たんなる理性の限界内における宗教』(以下、略して『宗教論』と呼ぶ)がプロイセンの官憲の眼にとまり、翌年(一七九四年)には勅令により今後一切の宗教に関する(公的)発言禁止の処分を受けたのである。

カントは、その三年後(一七九七年)に『人倫の形而上学』の第一部「法論の形而上学的基礎論」を一月に、第二部「徳論の形而上学的基礎論」を八月に刊行しているが、それは(いくつか見るべき箇所もあるが)全体として断片の集積といった印象を拭いえない。カントの精神はこのころから衰退が始まり、一八〇四年の死に至るまで、それがますます進行していった。カントの著作としては一七九八年(七四歳)のときに刊行された『学部の争

カント略年表

1724年	4月22日、ケーニヒスベルク（現在のカリーニングラード）に生まれる
1770年	ケーニヒスベルク大学の正教授となる
1776年	はじめて哲学部長に就任する
1781年	『**純粋理性批判**』第一版を出版
1783年	『**プロレゴメナ**』を出版
1785年	『**人倫の形而上学の基礎づけ**』を出版
1786年	ケーニヒスベルク大学総長に就任する 『**自然科学の形而上学的原理**』を出版 フリードリッヒ・ヴィルヘルム二世が即位
1787年	『**実践理性批判**』を出版（日付は1788年）
1790年	『**判断力批判**』を出版
1791年	フィヒテ、カントを訪ねる
1792年	「人間本性のうちにある根本悪について」（『**たんなる理性の限界内における宗教**』の第一篇）を発表 フィヒテ、『**あらゆる啓示批判の試み**』を匿名で出版
1793年	『**たんなる理性の限界内における宗教**』第一版を出版
1794年	『**たんなる理性の限界内における宗教**』が咎められ、勅令として、今後宗教に関する発言禁止の処分を受ける。
1795年	『**永遠平和のために**』を出版
1796年	『**哲学における永遠平和条約の近い締結の告示**』を出版
1797年	『**人倫の形而上学**』第一部「法論の形而上学的基礎論」を出版 『**人倫の形而上学**』第二部「徳論の形而上学的基礎論」を出版 フィヒテへの最後の手紙
1798年	『**学部の争い**』を出版 『**実用的見地における人間学**』を出版
1800年	講義録『**論理学**』を出版
1802年	講義録『**自然地理学**』を出版
1803年	講義録『**教育学**』を出版
1804年	2月12日、死去

い』が最後である。彼は老齢に至るまでずっと「人間学」の講義を続けていたが、同年にその内容をまとめた『人間学』がカントの許可のもとに弟子たちによって出版された。そして、一八〇〇年を越えるあたり（七六歳）から、彼の精神は加速度的に衰退していった。そして、一八〇四年に、まさに枯れ木のように死んだのである。

最後に、本書で扱った資料に触れておこう。現代人が例外的にカントの晩年の生活を細部にわたって目に見るように知りうるのは、「日々の交わりを通してその人と家庭生活を知るための寄稿」という副題が添えられているA・Ch・ヴァジヤンスキーの著書「晩年におけるカント――その人と家庭生活」のおかげである。彼はカントがまだ私講師時代（五〇歳、一七七四年）に助手になり、晩年（一七九〇年以降）のカントの世話を下男とともにし、葬儀や遺言状の執行人にもなったほど、間近でカントに尽くした男である。この書は、L・E・ボロウスキーやR・B・ヤッハマンの回顧録と一緒に『カント　その人と生涯』（芝烝訳、創元社、一九六七年）に収められている（山根雄一郎氏によると „Wasianski“ と „Borowski“ のポーランド語にそった正確な発音は、それぞれ「バッシャンスキー」と「ボロフスキー」であるようだが、ここでは翻訳に従った表記を用いた）。

そのほか、日本語訳のあるカントの伝記を挙げてみると、ウーヴェ・シュルツ『カント』、アルセニイ・グリガ『カント――その生涯と思想』、フリッツ・ガウゼ『カントとケーニヒスベルク』、エルンスト・カッシーラー『カントの生涯と学説』、オットフリート・ヘッフェ『イマヌエル・カント』、ノルベルト・ヴァイス『カントへの旅』などがある（それぞれ翻訳者、出版社は「あとがき」に記した）。そして、これらすべてを凌駕するものとして、三年前（二〇一七年）にマンフレッド・キューンの浩瀚な『カント伝』が翻訳された。私には、これらの書に載せてある以上の事実は魁集できないので、本書ではそれをそのまま借用して、自分なりの「哲学者の晩年」の姿を描き出せたらそれでいいと思っている。

目次

第一章　老哲学者の日常生活

還暦後に得た自宅

「はじめに」で断ったように、本書ではカントの最晩年である一七九三年から一八〇四年まで（カント六九歳から八〇歳まで）の一一年間を、おもにその著作に焦点を当ててたどっていく。なぜ、カントの最晩年を六九歳という中途半端な歳から始めたのか？　七〇歳から始めてもいいのであるが、その前年に彼の生涯における最大の事件をひき起こした『たんなる理性の限界内における宗教』（以下、略して『宗教論』と呼ぶ）が刊行されたからである。これからちょうど一〇年間続くカントの最晩年は、まるごと『宗教論』が引きずるさまざまな濃淡の影に覆われていると言っても過言ではないであろう。

だが、そういう深刻な話に入る前に、まず、カントとはどういう人間であるのか見ておこう。堅物の代表のような哲学者あるいは道学者先生というイメージが定着しているようであるが、じつは全然違うのであって、その固定イメージを破壊する意味で、まず彼の晩年の日常生活から見ていくことにする。

さて、カントに関する逸話として有名なのは、日ごと、自宅に知人たちをもてなした「食卓の会話」と、定刻通りに行なわれた散歩であろう。散歩中のカントに会ったケーニヒスベルクの人びとはそのつど時計を合わせたと言われている。この二つの出来事は連関

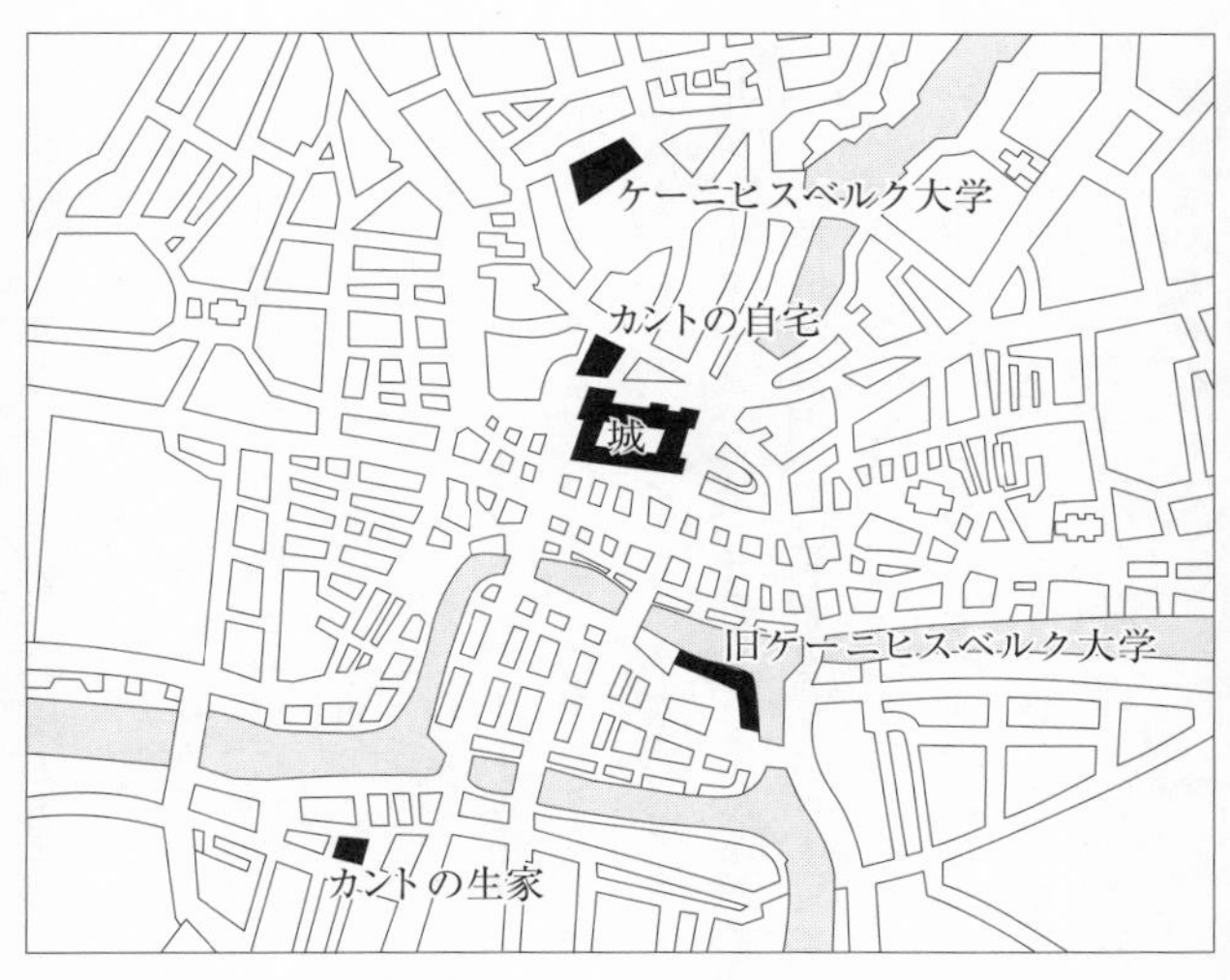

ケーニヒスベルクの中心部（『カント事典』をもとに作成）

していて、ともに始まったのは、カントが自宅を所有してからあとのことである。そして、じつは、カントは六三歳（一七八七年）のころ、やっと自分自身の家に住むことができ（購入したのは一七八三年だという説もある）、それまでは借家を転々としていた。それを遡ること一二年前（一七七五年、五一歳のとき）、カントは隣家の鶏の声がうるさいという理由で転居したが、アルセニイ・グリガはこう記している。

移転はとくに厄介ではなかった。カントの所有物はわずかだったからである。「鍵、戸棚、インク壺、ペンとナイフ、紙、書類、書物、スリッパ、長靴、毛皮の外套、帽子、パジャマ、ナプキン、テーブルクロース、タオル、皿、丸鉢、ナイフとフォーク、塩入れ、瓶、ワイングラスとビールグラス、瓶詰ワイン、タバコ、パイプ、ティーポット、茶、砂糖、ブラシ。」以上が、哲学者が新しい住居へ移る前に自分で書いた、つつましい所帯道具の目録である。(『カント――その生涯と思想』一一五ページ)

どうであろう? カントは、すでに五年前にケーニヒスベルク大学の正教授になったのだが、その男の家財道具がこれだけとは? 書籍が一冊もないことが気に懸かるが、すべて大学の書籍を利用していたのであろう。しかも、こうした借家生活はこのあとさらに一〇年以上も続いた。還暦を迎え、二度も総長の職に就いたケーニヒスベルク大学教授、しかも『純粋理性批判』の著者としてヨーロッパ中にその名が轟いていた哲学者が、借家を転々としていたのである。

そして、カントがその自宅に料理人を雇ったのは、七〇歳のとき(一七九四年)であり、それまでは料理屋や友人宅で食事していたというのであるから、驚きである。ということは、かの有名な「食卓の会話」は、彼が老衰で動けなくなるまで、せいぜい七~八年続いただけなのである。

散歩も同様である。カントは若いころから、あるいは中年のころから、時計のように正確な散歩に出ていたわけではない。散歩の習慣も、わが家を獲得してからのことである（だが、四時間の食事の後の散歩だとすると、緯度の高いケーニヒスベルクのこと、冬の四〜五時はもうとっくに日暮れているはずである。カントは真っ暗な街を散歩したのであろうか？）。

カントは自宅を得てから、老齢に打ち勝つために厳格な規則的生活を実践することにしたのだ。夏も冬も午前五時に起床し、講義は、夏は七時から、冬は八時から始まった。食事は日に昼食一回だけで、その昼食に日替わりの「食卓の仲間」を招待した。それは四時間以上続くこともあり、その後消化のためにも、ひとりで街に散歩に出かけたのである。

いっさいの装飾を欠いた家

さて、老境になって手に入れたその家であるが、フリッツ・ガウゼは、カントの食卓仲間のひとりの言葉を借りて次のように書いている。ちょっと長いが、なかなか細かい描写なので、引用してみる。

この家はどこか古風で、人通りはあっても車馬の行き来のない通りに面し、裏側は庭園と城の濠、および塔と監獄つきでふくろうの棲む何百年も経た城に接していました。春と夏にはこのあたりはそれは幻想的でした。この家に足を踏み入れると、安らかな静けさにつつまれていました。〔中略〕階段を上がると、もちろんテーブルクロスを整えながら立ち働く召使が姿を見せます。なおも進むと、全く質素な、飾りけのない、すすけたところもある前廊下を通って、客間のように見えるが華美なものは何もない大きな部屋に入ります。ソファー、麻布張りのいくつかの椅子、若干の陶磁器の入ったガラス戸棚、銀貨や持ち合わせのお金を入れた事務机（書棚兼用机）が、寒暖計も入れて、家具のすべてでした。それからまったく簡素でみすぼらしいドアを通って、同じくみすぼらしい無憂宮へと歩を進め、その入口のドアをたたくと〈お入り〉という快活な声に招じ入れられます。部屋全体は簡素で、街や世間の騒音から隔てられたおだやかな静謐さをただよわせています。二つの平凡な机や簡素なソファー、勉強椅子を含めて若干の椅子、簡素な整理箪笥に囲まれて中央に長い空間が残されており、そこにはカントが常日頃観察を怠らなかった晴雨計と寒暖計があります。そこにはこの思想家が、まだ仕事机に向っているかあるいはすでにドアの方を振り返るかして――というのは彼は空腹で食卓の客が来るのを待ちこがれていたからです――純木製の半円形の椅子にまるで預言者の座席にいるかのように坐っていました。（『カント

とケーニヒスベルク』一二六〜一二七ページ)

この描写からもわかるとおり、カントの家はとりわけ「簡素」であった。若いころ、数々のケーニヒスベルクの上流階級(そのなかには公爵や伯爵もいた)の家に頻繁に招待されたのだから、その豪華な家具や調度品も知っていたであろうし、贅沢を尽くした食事も知っていたであろうが、カントはこれらを真似することがまったくなかった。壁には壁紙も貼らず、煤(すす)と埃(ほこり)で黒ずんでおり、掛けていたのは、ただルソーの肖画だけだったという。

よって、カント邸の午餐といっても、じつは大宴会が開かれたわけではなく、三〜五人の客人たちは、(ノルベルト・ヴァイスによると)「何の装飾もなく豪華さとは無縁の食堂に入っていった」(『カントへの旅』、二〇四ページ)。ある招待客(ハッセ)は、その食事風景を詳細に報告している。

三品だけだったが、味はすばらしかった。ワイン二本。付け合わせ、果実、それに季節を告げるデザートだった。すべてに彼の指示が行き渡っていた。スープが配られ、食べ初めてから、肉(普通は柔らかな牛肉)が切り分けられ、彼はその肉に自分で用意したイギリス風の芥子をつけて食べた。その芥子はほかのほとんどの料理にもつけた。まんなかの料理が彼の好物に違いなかった（それはほぼ毎日同じものだった）。これを彼は最後までたっぷり食べて、自分でおなかがいっぱいだと言った。最初の焼いた肉や三番目の料理はさほど食べなかった。（同書、二〇四～二〇五ページ）

芥子を用意するカント（『カントとケーニヒスベルク』より）

全体の記述から推して、堅苦しくない庶民的な（あえて言えば上品ではない）雰囲気に充たされていたのであろう。カントは、食事のマナーにもこだわらなかった（あえて言えば、下品であった）ようである。ラインホルト・ベルンハルト・ヤッハマンはこう伝えている。

食事の作法にはカントはあまり拘泥しませんでした。たいていの肉はかみこなしただけで、汁を吸った残りは皿に返しました。それをパンの皮でおおうようには努めま

したが、それにしても見苦しさはとても避けられませんでした。（『カント　その人と生涯』、二二一ページ）

単刀直入に言って、これはやはり「育ち」によるのであろう。貧しい職人の子として生まれ、学生時代はトランプゲームで学費を稼ぎ、あまりにも着古したカントの上着を友人が見かねて貸してやったほどの極貧が何年も続いた。四六歳でやっと正教授になるが、それまでの一五年に及ぶ私講師時代もかなり貧乏であったと思われる。そんな男が還暦を過ぎてようやく自宅を手にしたのだが、（金はたっぷりあったにもかかわらず）いっさいの装飾を欠いた穴倉のような家に住まうこともわかる気がするのである。カントにとって、こういう貧寒な家のほうが、当時のブルジョワ階級の意匠をこらした優雅な家よりずっと住みやすかったのであろう。

四〜五時間に及ぶ食卓の会話

ハッセの報告に戻ろう。

「そして、肉がとろけそうなほど軟らかくなっていると」彼はたいそうご機嫌になった（もしそうなっていないと、小言を言い、いくぶん不機嫌になるのだった）。やがて彼は言った。「さて、みなさん、おしゃべりもしましょう。何か新しくて楽しい話はありませんか。」（『カントへの旅』、二〇五ページ）

食卓の会話の内容は料理の単調さを補うかのようにきわめて贅沢であり、（哲学的テーマ以外の）森羅万象に及び、しばしば四時間から五時間も続いたということである。第七章で見るような、人間をありとあらゆる側面から観察する『人間学』や、人間のみならず、地上のありとあらゆる生物の生態を記述する『自然地理学』の講義内容から、その内容がだいたい推察されよう。

それにしても興味深いのは、カントが徹底して「哲学的テーマ」を避けたことである。これに呼応して、招待者からは哲学者たちも哲学の教授たちも外された。貴族が招待されることもほとんどなかったという。また、ひとりの女性も招待されなかった。では、どのような者が招待されたのか？　それは、公務員、商人、旅行者、（哲学以外の）著述家などであり、さまざまな世俗的能力をもった者たちであった。

カントは、彼らから「哲学以外の」膨大な知識を収集したのである。具体的知識は、本を読むより、経験談を直接聞いたほうがはるかに印象に残ることを、カントは知っていた

カントと食卓仲間（エーミール・デルストリング画、『カント――その生涯と思想』法政大学出版局より）。ただし、この画は相当美化しているように思う（中島）

のであろう。そして、哲学議論は食卓の愉快で友好的な雰囲気を壊すことを、そして、誰よりもカント自身が自説をいささかも曲げることがなく、自説に対する他人の批判に耐えられず、あらゆる他人の説を批判せざるをえず、食卓の雰囲気をぶち壊しにすることを自覚していたのであろう。クリストフ・ヴァジヤンスキーは報告している。

彼は、自説に反対する抗議からいっさいのがれようと努めた。友人たちは、彼に対するいたわりと心づかいから、直接には反対しなかったが、こういうことのために自説が確かだという彼の信念はいっそう強められた。（『カント

その人と生涯』、二七〇ページ）

〔前略〕カントの著しい病的好悪は、衰弱の増すにつれて、ややもすれば一種の我執に変わっていくようになり、この我執は、カントと親しく交わる時は、多くの不愉快を招くこともあった。（同書、二七九ページ）

先にカントは、ひとりの女性も招待しなかったと書いたが、その理由を詮索するに、カント自身の女性観が影響していると考えられる。

まず、カントは学識ある女性を認めなかった。女性にとって学識は単なる「お飾り」にすぎないのである。以下（以前拙著『カントの人間学』でも引用したのだが）、カントの著作から数ヵ所、女性の読者の反感を買うことを覚悟のうえで、ここに再度引用することにする。

学識のある婦人についていうと、彼女たちがその図書を必要とするのはその時計を必要とするようなものである。〔中略〕もっともその時計は通例止まっているか、あるいは時間に間に合っていないのであるが。（『カント全集』第一四巻、二九七ページ）

ダシエ夫人のように、ギリシア語で一杯の頭をもっている婦人や、シャートレ侯爵夫人のように、力学に関して根本的な論争を行なう婦人は、その上に、口髭を貯えるとよい。なぜなら、口髭は彼女らが獲ようと努めている深遠の顔つきを、恐らくもっと見分け易く現わすだろうから。(『カント全集』第三巻、三九ページ)

また、カントは女性の道徳心を一切認めなかった。

女性は悪を避けるであろうが、その理由は、それが不正だからではなく、醜いからである。(同書、四一ページ)

若いころの社交界への出入りから、カントは女性が感情を交えずに自分の知識を披露すること、感情を交えずに他人の意見を聞くことができない、すなわち客観的知識を交換する能力がないと感じていたのであろう。あるいは、同じことであるが、(『人間学』や『自然地理学』から推察するに)たぶんしばしば性や異様な風俗習慣に関する露骨できわどいテーマに話題が及んだようであるが、そこに女性がいると、そうした話題を避けねばならないからであろう。ヴァジヤンスキーは次のように言っている。

〔前略〕特に食卓には一風変わった独特なものがあり、多くの点で、普通の慣習や一般の慣例的な調子の枠からはずれたものがあったが、それとても決して礼儀を無視したものではなかった。もっともこの礼儀は婦人の加わらない席では、幾分そこなわれるのが常であった。(『カント　その人と生涯』、二五六ページ)

会話が生理学や解剖学の主題とか諸民族の風習とかに向かい、その際浅薄な人ならみだらな方に悪用しそうな事がらに触れてくると、彼は真面目な態度で、「潔白な人びとにはすべてが潔白です。」Sunt castis omnia casta. と言った〔後略〕。(同書、二五八ページ)

ヴァジヤンスキーは用心して書いているが、たぶん猥談すれすれの雰囲気であったことであろう。また「種々の民族の方言をおもしろくまねることも、彼は自由にやった」(同書、二三五ページ)とも報告しているが、これこそ私のカントの印象そのものなのである。

体調管理――ビール嫌い

カントは身長一五七センチメートルであり、胸が細くくびれていて、かなりの猫背であった。講義のときには、講壇においてある書籍を、顔をこすり付けるように読んでいた。いわゆる「虚弱体質」であって、長生きすることなど考えられず、そのためか、意外にも還暦も過ぎてしまってからは、驚きと感謝のもとに、体調管理には余念がなかった。しかも、もともと身体の弱い人によくあることだが、そのほとんどが「素人診断」なのだ。伝記にも医者のことがほとんど出てこないことから推すと、医者や病院が好きではなかったのではないだろうか。

「ビールには多くの滋養分が含まれ、愛飲家はこれを飲むと満腹して食欲をなくしてしまう」（同書、二二一ページ）から絶対に飲まなかった。そこまでならいいのだが、老人（とくに「偉い人」）がよく若い者を前にとうとうと自分の健康法を披露していることを目にするが（これはれっきとした迷惑行為なのである）、カントもこの「ビール嫌い」を個人的見解に留めてはおかなかった。

彼はこの飲物〔ビール〕には最も反対した。もし誰かが最も働き盛りの年輩で死んだとすれば、カントは「彼はきっとビールを飲んだにちがいない。」と言った。またある人の身体がすぐれないことが話に上った時には、「その人は夜ビールを飲むかね。」

と問わないことは少なかった。そうしてこの問いに対する答えから、カントは患者の占いを立てたものである。彼はビールを「徐々に人を殺す毒物」だと説明した。（同書、三二一〜三二二ページ）

また、毎晩、便秘薬を飲んでいた。

午前中は執筆

カントはいつ執筆したのであろう。五時に起床し、書斎に入って「二はいの茶と一ぷくの煙草」（同書、二一九ページ）だけの朝食（？）をとった。以下、カントのよき理解者であり、臨終まで間近で世話をしたヤッハマンの「人間カントについて――ある友人への手紙」の記述に従うことにしよう。

彼は七時まで仕事をして、そして講義について思いを練りました。それから寝室で服を着て講義室に出ました。九時になると、すぐに再び部屋着に替え、寝帽をかぶり、スリッパをはいた姿で、一時に一五分前まで仕事をします。それから午餐のために着替えをして書斎に戻り、この部屋で一時ちょうどに招待客を迎えました。（『カン

ト　その人と生涯』、二一九ページ）

執筆時間は、日に少なくとも三時間四五分であるが、あくまでもこれはカントが六三歳で家をもってからのことであり、その前の執筆量を考えると到底こんな時間で片付くわけはない。当時はもちろん羽ペンにインクをつけて書いたのである。カントの草稿が残っているが、神経症のような細かい字を何度も消して、余白までびっしり書き込んでいる。

カントの草稿

自宅での講義

講義は、ケーニヒスベルク大学の学生用の講義・演習と一般市民用の通俗講義とに分かれていた。後者は大学の建物で行なったが、前者は、一部の講義は大学で行なわれたものの、少人数の演習は、いまでは考えられないことに、（カントの自宅購入後は）自宅で行なわれた。いや、考えられる。私が学生のころ紛争で大学構内が使えなくなったとき、過激派の学生以外のために、それぞれの先生宅で授業が再開された。瀟洒な大邸宅から、みすぼらしい陋屋（ろうおく）（？）までさまざまで面白かった。

なかでもスゴかったのは、岩﨑英二郎先生のドイツ語の授業である。神宮外苑の絵画館前の広大な広場に先生の大型オープンカー（キャデラック？）を停めて、その車内でドイツ語の読解をするのである。先生は運転席に陣取って、私を含めた日和見学生四人がそれぞれ座席を占め（それでも広い隙間ができた）次々に訳していく。何で先生がこんなことを考えたかと言うと、自宅で授業をしていると全共闘が押しかけてきて授業を妨害するからだ。じつはその前の回の授業は岩﨑先生の鎌倉の自宅で行なったのだが、授業が始まるや否や、全共闘過激派から電話がかかってきて「いまから授業妨害しますから、道を教えてください」とのこと。先生は丁寧に道を教えて、授業は妨害された。

そこで、車の中での授業となったわけだが、みな大まじめでテキストに食らいついている。先生はときどき、周囲をぐるりと見渡して「全共闘が見えたら、すぐに発車するから大丈夫」とのこと。このときは、みなどっと笑った。

閑話休題。

カントの家(左手前)とケーニヒスベルク城(『カントとケーニヒスベルク』より)

エルンスト・カッシーラーによると、カントは一七九六年七月(七二歳)まで講義を続けた。

カント邸は、二階に二部屋あり、一つがカントの書斎であって、その向かいが講義室である。私は、いままで、フランクフルトのゲーテの実家、ワイマールのゲーテの家、シラーの家、ウィーンのシューベルトの生家、フロイトの家、ウィーンの数々のベートーベンの家、ザルツブルクのモーツァルトの家、ウィーンのモーツァルトの家、ワルシャワのショパンの家、ナウムブルクのニーチェの生家、シルス・マリアのニーチェの別荘、バイロイトのワグナーの大邸宅などを訪れたが、ゲーテやワグナーの大邸宅は除いて、概して小ぶりで地味な感じを受けた。図版で見るとかなり大きな家に見えるが、現代日本人には相当質素に見えるだろうと思う。

第二章　『宗教論』による筆禍事件

生涯最大の事件

本章では、いよいよ「カントの生涯における最大の事件」に足を踏み入れることにしよう。『純粋理性批判』の刊行から一二年後、三批判書の最後を飾る『判断力批判』の刊行からは三年後の、『宗教論』（一七九三年）の刊行とともにその事件の幕は切って落とされた。それは一八〇四年のカントの死に至るまで続いたとも言える。まさにカントの晩年を独特の色調で彩っていたのである。

『宗教論』刊行後のカントの著作としては、一七九五年刊行の『永遠平和のために』（以下、略して『永遠平和論』と呼ぶ）と一七九六年の『哲学における永遠平和条約の近い締結の告示』（以下、略して『哲学における永遠平和論』と呼ぶ）がある。そしてカントのライフワークとして形而上学の完成があった。「批判」は形而上学のための方法の書にすぎなかったのである。その形而上学のうちで自然形而上学は『自然科学の形而上学的原理』のみ一七八六年に刊行されているが、最も重要な道徳の形而上学はまだ刊行されていなかった。だが、ようやく一七九七年一月に『人倫の形而上学』の第一部「法論の形而上学的基礎論」が刊行され、同年八月に第二部「徳論の形而上学的基礎論」も刊行されたのである（その評価は第五章に譲る）。カントはさらに翌一七九八年に『学部の争い』を刊行した。この『学部の争い』がカント自身によって刊行された最後の著書である。

こうしてみると、一七九三年から一七九八年（六九歳から七四歳）という老境における執筆熱には尋常でないものがある。しかし、カントは一八〇〇年以降ほとんど著作をなさず、その後も『論理学』と『自然地理学』『教育学』が刊行されるが、これらはカントから刊行の許可を得た講義録であって、しかもさまざまな資料から講義の再現を試みたものにすぎず、厳密にはカントの著作とは言えない。八〇歳まで生きたカントは、当時としては例外的に長生きをした（フィヒテは五二歳、ヘーゲルは六一歳で死んだ。彼に並ぶほど長寿の〈有名〉哲学者は、わずかにシェリング〈七九歳〉を数えるのみである）。

官憲から届いた勅令

さて、『宗教論』刊行のいきさつであるが、カントは、すでに三年前の一七九〇年（六六歳）に最後の批判書である『判断力批判』を書き上げ、いよいよ形而上学に取りかかることを決意していた。すでにカントの名声は全ドイツで、哲学界を越えて揺るぎないものとして確立されていた。ベルリンでは、メンデルスゾーンを中心とするサークルが形成されていて、カントとは一線を画していたが、大きな反対勢力ではなかった。

そんなとき、（第三章で詳述するが）かつてケーニヒスベルクの自分のもとを訪れたフィヒテが匿名で『あらゆる啓示の批判の試み』を刊行し、思いもかけず、それがカントの「宗教論」ではないかという噂が立ったのである。もちろんカントは、すぐさまこれを否定したが、この事件がカントに早急に（形而上学の完成を引き延ばしてでも）「宗教論」を刊行させる動因となったことはまちがいない。そして、一七九三年に『たんなる理性の限界内における宗教』というタイトルの宗教論を刊行したが、これが後に官憲の咎めを受けたことから振り返ってみると、本書の刊行に当たってカントが用心の上に用心を重ねたことは興味深い。

一七九二年、カントは本書における第一篇（テーマは「根本悪」）を「ベルリン月報」に掲載するつもりで検閲を受けたところ、高度の専門誌であって一般市民の眼に触れることが少ないゆえに印刷が許可された。そこで、安堵の息をついたカントは、続いて第二篇（テーマは「人間の支配をめぐる善の原理と悪の原理の戦いについて」）の検閲を受けたが、これは許可されなかった。「ベルリン月報」の刊行地は当時イエナであり、プロイセンの領土外であったから、本書は本来検閲の許可を求める必要はないのだが、後に問題になることを恐れ

Die
Religion
innerhalb der Grenzen
der bloßen Vernunft.

Vorgestellt
von
Immanuel Kant.

Königsberg,
bey Friedrich Nicolovius.
1793.

『たんなる理性の限界内における宗教』

てカントはあえて検閲を受けた。

こうしたいきさつもあり、カントはこれら第一篇と第二篇に第三篇と第四篇を加えて一書にし、今度はケーニヒスベルク大学神学部に審査を依頼したところ、「内容が哲学的だから」という理由で拒否され、そこで、カントはイエナ大学哲学部に審査を求めたところ許可されて、『宗教論』は一七九三年に刊行された。

しかし、刊行された後に官憲（当時の責任者はヴェルナーという反啓蒙主義の男であった）によって有害とみなされ、一七九四年一〇月一二日に、ヴェルナーから「勅令」がカント個人に送られてきた（以下、すべてフリードリッヒ・ヴィルヘルム二世が没した後に刊行された『学部の争い』の「序文」において、カントが公開したものである）。

詔令

プロイセン王、フリドリッヒ・ウィルヘルムより

博識にして忠良なる臣よ！　朕はすでに久しきにわたって大なる不満をもって汝の次のような行状を見守ってきた、汝が汝の哲学を濫用して聖書およびキリスト教の多くの主要教義と根本原理を歪曲し軽視していること、汝がこのことを特に汝の著書『単なる理性の限界内における宗教』およびその他の小論文において行ってきたこと、これである。汝自身はそのことによって、青年の教師としての汝の義務に反し、

汝も非常によく熟知している朕の国君としての意図に反して如何に無責任に行動しているかを洞察しているに違いないから、朕は汝から改善することを期待してきた。朕はできるだけ早く汝が極めて良心的なる責任をとることを望み、そして朕の甚しい不興を避けるために、汝が将来にわたっては何らそのような責めを負うことはなく、むしろ汝の義務に即応して、朕の国君としての志向がいよいよますます到達せられることのために汝の威信と汝の才能の適用せられんことを期待しているが、さもなければ汝は反抗的であり続けることによって確実に不愉快である処置を受けることを期待すべきである。

敬具

一七九四年十月一日　ベルリンにて

国王の特別命令

副署　ヴェルナー

（『カント全集』第一三巻、三〇二～三〇三ページ）

カントは、直ちにこれに対して返事をしたためた（これも同書の「序文」で公開している）。それは、勅令より一〇倍以上長いものであるが、『宗教論』の第二篇以下を見ておこう。というのも、官憲（プロイセン政府）の神経を逆撫でしたのは、根本悪が展開されている第一篇より、むしろ国家宗教としてのキリスト教を具体的に論じている第二篇以下だったからである。

以下、勅令で咎めを受けた『宗教論』の内容に入るが、まず第一篇から検討することにしよう。

「根本悪」の思想――真実性の原理と幸福の原理

カントの「根本悪」は、この語の響きから考えられるようなすさまじい極悪のことではない。それは、強姦、強盗、窃盗等々のいわゆる刑法上の犯罪とはまったく関係がない。自分が食べるために他人の食べ物を奪うこと、自分が生きるために他人を殺すこと、自分が快楽を得るために他人を苦しめること……等々、ほとんどの悪質な犯罪行為のように、他人の幸福を犠牲にして自分の幸福を追求することではない。

「根本悪」の原語は„radikal Böse"であって、「根もとまで遡る悪」ないしは「根を張った悪」と直訳されうるものであり、「人間存在の根っこに位置する悪」という意味である。それは、人間という理性的かつ感性的存在者という矛盾的存在者が避けがたく背負う悪であり、具体的には、一方で、「真実を語れ」という理性の命令を聞きつつ（これを「真実性の原理」と呼ぼう）、他方、有機体である人間の幸福を求めたいという欲望（これを「幸福の原理」と呼ぼう）とのあいだで引き裂かれながら、結局は後者を取ってしまうという悪である。

最もわかりやすい例としては、カント自身挙げているが、かつてヘンリー八世がアン・ブーリンにいわれのない罪を着せて処刑しようとしたとき、少なからぬ廷臣はこれが濡れ衣であることを知っていたが、真実を語ると身に危険が及んだ。こういう状況に投げ込まれると、ほとんどすべての人が――日ごろ道徳家ぶっている人も、他人にとても親切な人も、貧民にすぐ同情する人も――口をつぐんでしまい、真実を語らないであろう。しかも、真実を語るべきだと知っていても、語らないであろう。なぜなら、命が惜しいからであり、家族が大切だからであり、国王に対する反逆罪として社会から葬り去られたくないからである。

このすべては、われわれ人間が肉体をもっているから、すなわち理性的であるけれど感性的存在者でもあるからである。すなわち、われわれはここで引き裂かれ、苦しみ、そのあげくに悪を犯す。しかし、このすべてはわれわれ人間がみずから造ったものではない。そのように造られているのだ。これこそ、われわれの「原罪（Erbsünde）」にほかならない。

カントの根本悪とはまさにこれだけなのであって、その核心は「真実性の原理」と「幸福の原理」との条件づけ（優劣）関係に尽きる。本来は第一に「真実性の原理」に従い、第二に「幸福の原理」に従うべきであるのに、その「転倒」を犯すこと、すなわち、「真実性の原理」と「幸福の原理」がぶつかったときに、前者を後者より優先させるべきなのに、それを転倒して後者を前者より優先することである。先のアン・ブーリンの処刑に関して糾問された場合に真実を語らないことは、真実より自他の幸福を優先するのであるから、まさにこの転倒である。

根本悪を犯すのは善良な市民

カントは、外形的に法に適った行為を「適法的行為」と呼び（この場合、法は自然法を意味し、何が適法的かは決まっている）、その動機に幸福の原理が含まれている場合、例えば、契約を履行しなければ評判が悪くなるからという動機で契約を履行する場合は、適法的行為ではあっても道徳的行為ではないとする。こうして、幸福に基づく動機がまったくないとみなされる適法的行為のみが、道徳的行為なのである。

ここで重要なことは、根本悪を見抜くカントの目は、殺人や強姦や契約不履行のような非適法的行為にではなく、むしろ、外形的には適法的行為ではあるが（非適法的＝犯罪的行為ではないが）その動機が幸福の原理に基づいているような行為に向かっているということである。

よって、根本悪を犯すのは、いわゆる極悪人ではなく、法律を遵守し、きわめて品行方正でありながら、いったん自分の幸福が脅かされると嘘をつくような善良な市民、すなわちほとんどの人間なのである。これをカントは、「幸福の原理が真実性の原理を条件づける」と語っている。では、われわれはどのようなメカニズムによってこのような態度をとるのか？

ここでカントが直面した問題に答えるのは、きわめて難しい。カントにおける大前提として、まず、すべての人間は道徳法則を意識していて（理性の事実）、じつはそのつど何をすべきかを知っている。それにもかかわらず、すべての人は根本悪に陥るのだ。この場合、「普遍性（universitas）」と「一般性（generalitas）」のあいだには厳密な区別があることに注意しなければならない。

「普遍性」とは、――現代日本人にはなかなかわかりにくいであろうが――理性それ自身が命ずる「べし」であり、理性的存在者一般に妥当する「べし」である。まさに「真実性の原理が幸福の原理を条件づける」場合であって、例えば「いかなる場合も嘘をつくべきではない」という命令であり、これは、たとえこれまでの人類のうち誰一人として守れなかったとしても普遍的に妥当する。

これに対して、「一般性」とは、すべての人あるいは多くの人が事実守っている「べし」であり、逆に「幸福の原理が真実性の原理を条件づける」場合（まさに根本悪の場合）であって、例えば「自分が不幸になる場合、自分に損害が及ぶ場合は、真実を語るべきではない」というような経験的規則である。

これに連関して、カントは、すべての人が窮地に陥れば「幸福の原理が真実性の原理を条件づける」ような「根本悪」に陥るとしながらも、けっしてこのことを必然的であるとはみなさない。カントの用法によると、「必然性」という概念は、自然法則や道徳法則などの法則にかなったもの、すなわち理性にかなったものにしか使用してはならない。法則（理性）に反するものは、たとえすべての場合に成り立っても必然的ではないのだ。

こうした枠組みにおいて、カントは、（1）事実、すべての人が根本悪に陥る、しかも（2）そういうすべての人に責任を帰すことができる、という結論を導くような理論を目指しているのである。一方で、もし根本悪に陥るのが、物理法則のような必然性なのだとすると、根本悪に陥る誰に対しても責任を問うことはできないことになるであろう。よって、根本悪は、このような必然性ではなく、たとえすべての人がそれに陥らざるをえないにしても、各人がそれ以外のものを「選択」しうるものでなければならない。

以上のような構図のもとに、カントは「性癖（Hang）」という概念をもちこむ。

感性的生存者に宿る「理性」

人間はもともと悪の方向に傾いていく「性癖」をもって生まれてくる。しかし、これはあくまでも可能性であって、現実に悪をなすことを決定するわけではない。こうした「性癖」にもかかわらず、理論的に根本悪に陥らないことは可能である。カントはまことにうまい例を挙げてこのことを説明している。

たとえば、すべて野蛮人は、酔いを生じさせるものに対する性癖をもっている。と言うのは、たとえ彼らのうちの多くが酔いをまったく知らず、したがって酔いを生じさせるものに対してなんらの欲望をももっていないにしても、しかし彼らに酔いに対する欲望を起こさせるには、ほんの一度でよいから彼らにそうしたものを試みさせればよいからである。（『カント全集』第九巻、四七〜四八ページ）

こうした「性癖」には三つの段階がある。（一）人間心情の脆さ、（二）人間心情の不純、（三）人間心情の悪性。人間心情は「脆い」がゆえに「真実性の原理」を「幸福の原理」より優先すべきことを知っているのに「転倒」してしまう、拷問を受けると偽証してしまうのである。そして、人間心情は「不純」であるがゆえに、「真実性の原理」を「幸福の原理」から峻別せず、そこに「幸福の原理」を紛れ込ませてしまうのである。これらも悪への性癖をなすが、厳密には「根本悪」の性癖をなすものではない。「根本悪」へ至る性癖は、「人間心情の悪性」にこそ存するのだ。

このあたりのカントの考察は、とりわけ念入りであり精緻であるから、用心深く進まねばならない。(一)と(二)は感性的欲望が理性的意志より勝ってしまう、という通俗的見解に連なるものであり、われわれ人間は弱く不純であるがゆえに、「転倒」に陥ってしまうのだ。しかし(三)の構造はこれらとは画然と異なり、われわれは「真実性の原理」より「幸福の原理」を優先するという「転倒」を自由に選択してしまう、言いかえれば、転倒した格率(規則)を選択してしまうのである。

(一)(二)と(三)の違いをさらに明確にしよう。「われわれ」とは理性的・感性的存在者としての人間であるが、(一)と(二)においては感性が理性に勝って転倒をひき起こすのであるが、(三)においては、感性的存在者に宿る理性が転倒をひき起こすのである。このことは、究極的には、人間が理性的存在者でありかつ肉体をもつ感性的存在者であることに行き着く。カントは理性的かつ感性的存在者を「接木」にたとえている。しかし、きわめて重要なことであるが、カントは感性的(肉体的)欲求がそのまま悪に導くとみなしてはいない。他の動物と共有する感性的（肉体的）欲求の中には（カントの意味における）選択が成立していないのであり、その限り悪へ導く要因は存していない。カントによれば、根本悪は、（A）「真実性の原理が幸福の原理を条件づける」という選択肢と（B）「幸福の原理が真実性の原理を条件づける」という選択肢のうち、（本来はBよりもAを選択すべきであるのに）AよりもBを選択する意志のうちにあるのだ。そして、選択は理性がなすものであるから、根本悪は――驚くべきことに――まさに理性のうちに、正確に言えば、感性的存在者に棲みついた理性のうちに存するのである。

もちろん、根本悪の思想は（カトリックであろうと、プロテスタントであろうと）キリスト教の基本教義に反するが、――不思議なことに――『宗教論』が国王（プロイセン政府）の「逆鱗に触れた」のは、この根本悪の思想のためではない。先に述べたように、根本悪の思想が展開されている第一篇は、検閲を通過しているのである。むしろ、それは、第二篇以下によってなのだ。次に、第二篇以下を、そのキリスト教批判の部分を中心に見てみよう。

理性的ではない物語――『宗教論』第二篇以下のキリスト教批判

『宗教論』は、第二篇以下、それぞれ長いタイトルがついている。第二篇は「人間の支配をめぐる善の原理と悪の原理の戦いについて」であり、第三篇は「悪の原理に対する善の原理の勝利と地上における神の国の建設」であり、第四篇は「善の原理の支配下における奉仕と偽奉仕についてもしくは宗教と僧職制について」である。官憲を最も刺激したのは、第二篇で長々と論じられているイエスに関する否定的考えである。

さて、真に神的な心術をもつこのような人間〔イエス〕が、あるときにいわば天から地上に降り来たり、教えと行状と苦悩とを通じて神意に適った人間の実例を、外的経験からひとが望みうる限りにおいて（もっともこのような人間の原型は、つねにわれわれの理性のうちにしか求められず、それ以外には決して求められないのであるが）その身に即して与えたとしても、そしてこれらの一切を通じて人類に革命を生じさせ、はかり知れないほど大きな道徳的善を世界にもたらしたとしても、われわれはやはり彼が自然的に生み出された人間以外の者であると想定する原因をもたないであろう〔後略〕。（同書、九三〜九四ページ）

これは、キリスト教の基本教義に対する弁解の余地のない異論である。この後カントは「もっとも、それだからと言って、彼がもしかすると超自然的に生み出された人間であるかもしれないということが、端的に否定されるわけでもない」（同書、九四ページ）と言って、猶予を残しているが、結局は「このような神聖なる者を人間本性のあらゆる脆さを超えて高めることは、この者の理念を実践的に適用して、およそわれわれが洞察しうるすべてのことをわれわれに模倣させるためには、むしろかえって妨げとなろう」（同上）と続けている。

こうしたまどろっこしい議論は、次のように二段階の議論から成っている。（一）処女降誕から始まる「イエス物語」は、真実ではないが、「理念」として有用である可能性を残している限り「端的に否定されるわけでもない」。（二）しかし、この物語は、道徳法則の適用の「妨げとなる」のであるから、有用ではなくむしろ有害である。

カントの『宗教論』は、とくにこの部分に関して、国王（プロイセン政府）から咎めを受けたのであるが、それに反して、すぐあとで見るが、「キリスト教の評価を含んでいない」（『カント全集』第一三巻、三〇五ページ）というカントの弁明はどう考えても成り立たない。カントの『聖書』およびキリスト教に対する姿勢は明らかであって、理性的ではない物語を真実とは認めないのだ。この点で、たとえカントが「イエス物語」が有用であると説いたとしても、プロイセン政府および教会との対立を避けるわけにはいかないであろう。

「見える教会」への批判的態度

さらに、第三篇において、カントは次のようにキリスト教の歴史をほぼ全否定する。

〔前略〕キリスト教の歴史は、道徳的宗教というものから当然期待されうる有益な結果に関しては、決してキリスト教の推薦状とはならない。――隠者や修道士の生活における神秘的狂信や、独身の神聖性を讃美することが、いかに多くの人間を世に役立たない者としたであろうか。それと関連するいわゆる奇蹟が、いかに重い足枷となって民衆を盲目的迷信の下に抑圧したであろうか。自由な人間にのしかかってくる教権制度とともに、正信性という恐ろしい声が、僭越にも自分だけが召命されたとする聖書解釈者の口から発せられ、キリスト教界がその信仰上の意見に関して〔中略〕いかに激しい分派に分かたれたことであろうか。(『カント全集』第九巻、一八二ページ)

まるでニーチェが書いた文章のようである。キリスト教の歴史には、「隠者や修道士の生活」の有害性、「奇蹟」という「盲目的迷信」の悪影響、おのれのみ正しいとする「聖書解釈者」同士の狭量な戦い等々があるだけである。こうした記述がえんえんと続いた後に、カントは、次のようにまとめている。

キリスト教のこの歴史（これはキリスト教が歴史信仰の上に打ち立てられざるをえなかった限りで、これとは別様になりえなかったが）は、もしひとがこれを一幅の絵として一望の下に捉えるならば、〔中略〕「宗教はかくも多くの災悪をなさしめることができた！」という叫びを十分認めることもできよう。（同書、一八三ページ）

いいであろうか？　キリスト教の歴史は、「宗教はかくも多くの災悪をなさしめることができた！」という叫び声を上げずにいられない代物なのである。結局、カントは理念としての「見えざる教会」（同書、一四四ページ）のみにシンパシーを感じたのであって、現実の「見える教会」（同上）には一貫して批判的態度を維持したのだ。

カントの弁明

さて、以上のように『宗教論』の概要（肌ざわり）を押さえたうえで、勅令に対するカントの返書を検討してみよう。それは二つの主張から成っている。すなわち、第一に、これまでにおいて、自分はキリスト教に反する発言をしたことがないこと。第二に、将来については、カントは次のように宣言している（『カント全集』第一三巻、三〇八ページ）。

〔前略〕ここに、国王陛下の極めて忠良なる臣民として*、極めておごそかに次のことを宣言することを極めて確実なることとみなします、すなわち私は今後、宗教に関しては自然宗教であれ啓示宗教であれ、講義においても著作においても、一切の公共的な講述を完全に断念するでありましょう。

最後の短い宣言から見ていくに、カントはわざわざ「国王陛下の極めて忠良なる臣民として」のあとに*を付して「私はこの表現をも慎重に選んだのであるが、これは私がこの宗教審理における私の判断の自由をいつまでも断念するのではなく、ただ皇帝陛下が生存している限りは断念するためであったのである」（同上）としている。すなわち、「国王陛下の極めて忠良なる臣民として」とは、先の国王であったフリードリッヒ・ヴィルヘルム二世個人を意味するのであって、プロイセン国王一般に忠誠を誓ったわけではないのだ。

ここまで来ると「頓智の一休さん」顔負けの振る舞いである。『カントへの旅』の著者であるノルベルト・ヴァイスは「これも人々は姑息な作戦だと非難した」（二三五ページ）と語っている。「国王陛下の極めて忠良なる臣民として……一切の公共的な講述を完全に断念するでありましょう」という宣言が、時の国王だけに向けられていると解読できるわけはない。それが本意なら国王は激怒するであろう。

ここに二つの点が浮かび上がってくる。第一に、カントは将来にわたる「完全に断念」を理不尽と考えていたということであり、第二に、当時のカントは、これだけのことを公刊の書物に発表しても安泰だというみずからの力を信じていたということである。とくに後者は驚きでさえある。

キリスト教の有用性を強調

次に、カントの批判哲学がキリスト教の教義に反しているか、という第一点であるが、それを検討するために、カントの弁明をさらに立ち入って見てみよう。それは、幾重にもなった頑丈な扉のような構造をしている。

第一に、自分は講義ではバウムガルテンの教科書を使っていたのであって、そこには、まったくキリスト教批判は見いだせない。

第二に『宗教論』は「キリスト教の評価を含んでいない」（『カント全集』第一三巻、三〇五ページ）のであり、「自然的宗教の評価のみを含んでいる」（同上）。さらに弁明すると「若干の聖書の節を宗教の或る種の純粋な理性説の確証のために引用したことがこの種の誤解をひき起すことになったのかもしれない」（同上）。

このうち、第一は事実問題であるが、第二に関しては、先に『宗教論』の第二篇以下を見た通り、文字通りの意味では承服できそうもない。明らかに、カントは自然宗教としてのキリスト教のみならず、啓示宗教としてのキリスト教の評価も論じている、また、そのあとえんえんと続く非理性的なもの（神の子イエス、神の言葉、奇蹟、宗教的体験など）に対する強い口調での非難は、単に「若干の聖書の節を宗教の或る種の純粋な理性説の確証のために引用した」わけではあるまい。

しかし、奇妙なことに、このあとで突如、カントは弁明の域を超えて積極的にキリスト教を擁護し、賞賛しさえする。

〔前略〕なぜなら啓示は純粋な理性信仰の、これによっても否定しえない理論的欠陥、例えば悪の根源や悪から善への移行や善の状態にあることとの人間の確実性、等々の問いにおけるその欠陥を補充するために役に立ち、理性の必要を満足させることとして、時態と人格との相違に応じて多少の差はあるけれども、そのことに寄与する助けになるからであります。（同書、三〇六ページ）

> けだしキリスト教と最も純粋な道徳的理性信仰とのここに引証せられている一致こそはキリスト教の最善にして極めて永続的なる頌詞なのであり、まさしくこの一致によって、歴史的な学識によってではなくして、これまでしばしば退化したキリスト教が常に繰り返し再建せられたからであり、さらに将来においても欠かさないであろう似たような運命に際しては、ひとりそれのみによって再び再建せられうるからであります。（同書、三〇七ページ）

カントの弁明において特徴的なことは、キリスト教の真理性には立ち入らず、その有用性を強調していることである。そして、この観点から（のみ）キリスト教が「再建せられうる」ことを望むとしている。こうして、一貫して自分はプロイセン国家の宗教としてのキリスト教を非難しては**いない**という姿勢をとっている。しかし、その真意をたどっていけば、道徳神学（理性宗教）を提唱することがすなわち非理性的なものに充ちたプロイセン国家の宗教としてのキリスト教を、ネガティヴにとらえることになるのは当然のことである。

さらに踏み込んで言えば、「キリスト教と道徳的理性信仰との一致」という文言は、「キリスト教と一致する限りにおける道徳的理性信仰」を意味するのではなく、あくまでも

「道徳的理性信仰と一致する限りにおけるキリスト教」を意味するのであるから、プロイセン政府の側から見れば、（勅令にあるように）「聖書およびキリスト教の多くの主要教義と根本原理を歪曲し軽視している」のである。

カント自身は「根本悪」を免れているか？

以後、この弁明に従ってカントは粛々と生活するのであるが、そのときのカントの気持ちはいかなるものだったであろうか？　私の直感であるが、たしかに彼は痛手を受けたが、揺らぐことのない自信と、もちまえの鍛え抜かれた忍耐力によって、極度のディプレッションに陥ることはなかったように思われる。

ガリレオがみずからの地動説を撤回して法廷から出てくるときに「それでも地球は動いている」と呟いた（という逸話の）ように、カントは「それでも理性信仰は正しい」と呟いたのではなかろうか？　彼のこの確信は、官憲が彼を咎めることによって揺らぐような代物ではないのである。

プロイセンの官憲は国家の安泰のためにカントの『宗教論』に介入したが、まさにこれこそ真実より幸福を優先するという「根本悪」の典型例だと彼は考えたことであろう。

では、カント自身の言動は真実より幸福を優先するという「根本悪」を完全に免れているのか、と問うと一〇〇パーセント首肯することはできない。

その後カントは「語ることはすべて真実でなければならないとしても、だからといってすべての真実を公然と語ることは、義務ではない」、すべて語る必要はないが、語ることは真実でなければならない、という名言をある紙片に表明している（グリガ『カント その生涯と思想』、二八五ページ）。そして、『宗教論』においても、似たような文章を発見できる。

私は、いかに遺憾であっても、（人が知る限りの真実を語るという）公明正大さが、人間本性のうちに認められないことを、容認せざるをえない。しかし、（人が語るすべてのことを、誠実に語らねばならないという）率直さはあらゆる人間に要求されえねばならない。（AK.、一九〇ページ）

では、この規準に照らし合わせて、勅令に対してカントはその返信において「人が知る限りの真実を語る」のではないとしても、少なくとも語った（書いた）ことは真実であるのか？「誠実に」語られて（書かれて）いるのか？　こう問うと、どうもすなおに肯定はできず、それは有能で世間知に長けた政治家の答弁のようで、両義的に取ることができる文章で溢れているのである。

実際、このときのカントは、いったんまずく動くと退職ないし全財産没収の危険さえあったようである。外国に住む知人のヨアヒム・カンペが、この事件の噂を聞いて、その場合はどうか私のところに（亡命して）来ないかと誘うまでに至っている。カントがこの申し出を拒絶しているところを見ると、そこまでに至ることはないと確信していたのであろう。

窮地に陥ったときのカントのこうした言動や振る舞いは、たとえ文面上はぎりぎり嘘ではないとしても、「国王とは先のフリードリッヒ・ヴィルヘルム二世だけを意味する」という（ひとを食った？）挑戦的解釈を含めて、やはりみずからの幸福（葬り去られないこと）が保障される限りで真理を語っているという「根本悪」を犯しているように思われるのである。先に挙げたノルベルト・ヴァイスは次のように書いている。

すでに同時代の人々が（まして後代の人間は安全な立場にいるだけにいっそうはなはだしく）、お上にたいして這いつくばったといってカントを咎め、あるいはそこまでいかなくても、首を振って理解できないことを示した。（『カントへの旅』、一三四ページ）

この筆禍事件後、カントは批判哲学を修正することはなかったし、みずからの宗教に対する基本的見解（理性宗教）を変更することはなかった。国王に対する返信において、カントはたしかに表面上は嘘をついているわけではない。しかし、ここに二つ大きな問題が残る。まず第一に、カントは、返信においては『宗教論』よりキリスト教に対して微妙に（とは言えないほどに）肯定的姿勢に傾いていること、そして第二に、将来にわたって宗教に関する公的発表を控える、という国王の命令に従っていることである。

そして、（第六章で詳論するが）まさに後者の点が、その後のカントにとって大きな問題となった。すなわち、カントは、その晩年かたくななまでに批判哲学の勝利（防御）にすべての精力を傾けたが、その根を掘り起こしてみれば、経験を超える領域に対する認識を迫る地上の国家や地上の教会に対する死に物ぐるいの挑戦であったのである。

万物の終末

ここで、ちょっと目を転じてみるに、カントが『宗教論』の直後に書いたものは、「万物の終わり」という、考えようによっては教会およびプロイセン政府の権威に対して挑戦的なタイトルの小論である。このあたりの事実関係はなかなか微妙なのであるが、『宗教論』が一七九三年の復活祭（三月～四月）の頃に刊行されてから、国王の咎めがカントに通知される（一七九四年一〇月一日）まで、じつに一年半の時間差があった。そのあいだに『宗教論』は第二版が出ている。

これは、プロイセン政府もカントという大物を「宗教裁判」の被告人席に座らせるとなると、その社会的影響も大きく、慎重を期したためと考えられる。そして、いつしかさまざまな世評が立ち、この長い時期に、カントも自分に「有罪判決」が下されることをある程度予期していたようである。

そして、この微妙な状況のさなかに、「万物の終末」という物騒なタイトルの本論が刊行（いや敢行？）されたのであるが、その内容は、キリスト教の教義の根幹を成す終末論と最後の審判を批判するものであった。としてみると、カントの意図を詮索したくなるが、その内容を読む限り、カントがプロイセン政府に歩み寄る姿勢は皆無だということである。むしろ、そこでは、さらに語調を強めてカント特有の理性神学をとうとうと述べ立て、『聖書』の字義通りの解釈の不合理を皮肉たっぷりに指摘することに余念がない。

カントは、神が人間に罰を下すという「最古の時代からあったこと」（『カント全集』第一三巻、一九三ページ）を「一神教徒の体系」と「二元論者の体系」とに分けたうえで、ともに不合理であると断ずる。まず「一神教徒の体系」に対して。

思うに、万人が永遠に罰せられていると定めるような体系はたぶん立てる余地がありえなかったのであり、もしもありえたとすれば、なぜ人間はそもそも創造せられたかを正当化する根拠がなくなってしまうであろうが、かといって万人を絶滅することは、自分自身の造った作品に不満足であるので〔中略〕これを破壊する以外には他に手段を知っていないという創造者の叡智の失敗を披露することになるであろう。（同書、一九三～一九四ページ）

次に「二元論者の体系」に対して。

〔前略〕ほんの少数の人々にせよ、それどころかたったひとりにせよ、もしも永遠に罰せられるためにのみ生存したとすれば、これら少数の人々、あるいはたったひとりの人間が何のために創造せられたのだろうか？（同書、一九四ページ）

さらに、カントは「ペルシアの或る才人の考え」（同書、一九七～一九八ページ）として、次のように茶化している。

ところがわれわれ人類のかの始祖は園を汚さぬために食べることを禁じられていることの果実をどうしても味わいたくてたまらなくなったので、天使のうちのひとりが遥か遠く下の方にある地上を指して、「あれが全宇宙の厠だ」と言い、それから彼らを用便をするためにこの地上に連れて来て、その後で天使だけは彼らを地上に残して天上へ飛び帰ったが、彼らが天上を汚さないためには、こうするよりほか仕方なかったのである。これが地上における人類の創まりだと言われるのである。（同書、一九八ページ）

どうであろうか？　カントには「反省」の兆しがまったくないどころか、さらに聖書物語を徹底的に茶化すことによって、プロイセン政府とプロイセン国教会を挑発しているようでさえある。こうして、本論をあわせ読むとき、「一貫して自分はプロイセン国家の宗教としてのキリスト教を非難してはいない」というカントの弁明は、ますます空疎に響くのである。

ソクラテス裁判との比較

このカントの筆禍事件とソクラテスの裁判とを比較すると、思いがけず細い線でつながり合っているように思われる。ソクラテスが不正な告発状に対しても不正な判決に対しても平然としていたのは、こうした不正によっても自分が最も大切と考えるもの、すなわち「魂の清純さ」が奪われることはないという自信があったからである。プラトンは『ソクラテスの弁明』や『ゴルギアス』においてソクラテスに言わせている。「他人に不正を与えるより受ける方がいい」、なぜなら、「他人に不正を加えること」により自分の魂が汚れるが、「他人から不正を受けること」によって自分の魂は穢れないからである。

まさにカントも同じように考えていたように思われる。カントの言葉に置き換えれば、彼は世俗の法廷によって不当な判決を受けても、「理性の法廷」においては正当な判決を受けるはずであるから、いささかも精神の動揺はないのだ。

ソクラテスと異なり死刑判決でなかったカントは、その後残された長くはない人生において渾身の力を振り絞って、自分に突きつけられた「不正」と闘った。ソクラテスがアテナイの法廷によって死刑判決を受けても泰然としていたように、カントはプロイセンの官憲によって有罪の判決を受けても、「理性神学」の正しさに対する信念は、わずかにも揺らがなかった。そして、ソクラテスが自分の正しさを確信しながら民会の判断に従ったように、カントは自分の正しさを確信しながら勅令に従ったのである。

しかし、じつは、こうして両者の同一性を強調すればするほど、そこに横たわる大きな差異性を無視することはできない。プラトンが描くところの『ソクラテスの弁明』とカント自身が書いた国王への返信を比較対照して読む限り、自分を告発した者やアテナイの民会に対して、どこまでも挑戦的な言葉を吐き続けるソクラテスの颯爽とした姿に比べて、国王（そしてその背後のプロイセン政府）に対して、理論武装に武装を重ねて自己弁護するカントの慎重かつ賢明な態度が目立ってくる。

ソクラテスは、むしろ民会の投票者に反感を買うことを覚悟で挑戦的に語り続け、その結果有罪となった。そこには、一片たりとも保身の姿勢は見られない。投票は二度行なわれ、一度目は有罪か無罪かの決定であり、二度目は、有罪の場合の量刑（死刑か、国外追放か、禁固か……）についてである。一度目で有罪判決となった被告は、自分にふさわしい量刑を語る機会が与えられる、そのとき、ソクラテスは、自分には、「迎賓館での食事」こそふさわしい「刑」だと言い放って、反感を煽りたてさえする。そして、（不思議なことに）僅差で死刑判決を受けるわけであるが、その後もワイロを渡せば逃亡できることは普通であったらしいのに、ソクラテスはそれをも拒否して毒ニンジンを仰いで死刑に服した、というのは周知のことである。

これに反して、カントは二重の意味で「小賢しい」ように思われる。第一に、勅令によって自分を咎めた国王に対して、直ちに講義や著作において今後宗教に関する一切の（公的）発言を控えることを約束し、このことによって（結果として）厳しい処分を回避したこと。そして、第二に、この国王が没し新国王のもとで身の安全が保障されるや否や、あからさまに抵抗の姿勢を示し、ほとばしるように「真実」を語り出したこと。

カントは（ぎりぎり彼に好意的に解して）国王への返信において「真実」を否定ないし歪曲しなかったかもしれない。しかし、それなら、ますます勅令に従う必要はないはずだが、彼は従ったのである。それは自分の非を認めたことになろう。カントがそれに対していかなる弁解をしようと、それはやはり保身のためであるとしか考えられない。しかも、理路的には、国立大学の教授という身分を放棄して自由な著作家として生きる道もなくはないのだが、彼はその地位に留まりつづけたのである。この問題は、第六章でさらに踏み込んで検討したい。

第三章　フィヒテとの確執

対照的な二人

本章では、前章で扱った『宗教論』をめぐる筆禍事件を、時間的には多少遡ることになるが、ヨハン・ゴットリープ・フィヒテとの関係という視点から見直してみることにする。

カントとフィヒテは同じように下層階級から哲学界の大立て者に成りあがった二人であるが、その性格はむしろ対極的である。カントは何ごとに関してもきわめて用心深く、石橋を叩いて渡るようなところがある。表立っては誰とも直接対立せず、前章で見たように、『宗教論』をめぐる筆禍事件のときも、直ちに国王の命令に従う（ふりをする）。常に効果を狙って冷静に行為し、『純粋理性批判』に対するいい加減な書評を書いたガルヴェ、フェーダーに対して激怒しながらも、二年後に刊行した『プロレゴメナ』の「付録」でちくりと批判する。

> 要するに評者は、私の著書について何ひとつ理解しなかったのである、そしてまた恐らくは形而上学そのものの精神と本質とについてもまったく理解していないのであろう〔後略〕。（『プロレゴメナ』二六七ページ）

カントは、その行為において彼自身の区別によると、道徳性（定言命法）よりはるかに賢明さ（仮言命法）が勝っているように思われる。他方、フィヒテは直情型の熱血漢であって、きわめて闘争的であり、いかなる権威に対してもびくともせずに、自説の正しさを主張し通す。相手がどういう感情を抱くかはほとんど考慮せずに、相手をメタメタに批判し相手からも激しく批判される。彼は、こうした嵐のなかを駆け抜けることに生きがいを感じているようでさえある。

フィヒテ（『カントとケーニヒスベルク』より）

フィヒテに欠けていたもの

この二人の差異は、アカデミック・キャリアにおいてもはっきり現れている。カントは四六歳でケーニヒスベルク大学の正教授の職に就いてから一八〇四年（八〇歳）で死ぬまで（筆禍事件を潜り抜けて）その地位に留まりつづけた。

しかし、フィヒテの経歴は「華やか」で

ある。一七九四年（三二歳）でイエナ大学の助教授となり、「知識学」の講義を始めた直後から、その説は無神論的であると批判され（無神論論争）、ついに五年後に辞職にまで追いやられた。しかし、これにもひるまずにみずからの知識学を発展させ、一八〇五年エアランゲン大学に職を得、その後、一八一一年（四九歳）に、前年に開設されたベルリン大学の初代総長に選抜されたが、あっという間に（五二歳で）死んでしまったのである。

私生活に関しても二人は対照的である。カントは一生独身であり、たぶん一生誰に対しても「（語の正確な意味での）恋愛感情」を抱かなかったように思われるが、フィヒテは大恋愛の末に、三一歳でやっと親の反対する娘との結婚に漕ぎつけた。そして、息子を一人もうけた（なお、その名前は「イマヌエル」であるが、カントの名前からとったものであろう）。カントは社交人であり人間通であったが、フィヒテは社交的とも人間通とも言えない。彼には、人間の心の機微はわからなかったようである。こう比較を続けていくと、カントはパスカルの「オネトム」（あえて訳せば「総合的人間性を兼ね備えた人間」）の要素が濃厚であったのに対して、フィヒテにはこれが絶望的に欠如していた。

カントにはドイツ人の自覚がきわめて薄かったのに対して、フィヒテは熱狂的な民族・国家主義者であって、この点も対照的である。カントは、みずからの出自をスコットランドだと主張し（これはカントの勘違いであることがわかっている）、ケーニヒスベルクがロシアに占領され破壊されても、ほとんど反論もせず、占領したロシア将校たちにもドイツ人と同じように講義した。いや、それどころか、ロシアに占領されたほうが街に活気が出てよいとすら思っていたのである。カントは当時占領したロシア将校宅をよく訪れたという。また、彼は（ラ・ロシュフコーやラ・ブリュイエールのような）モラリストのシニカルな眼で虚栄心や人間の美醜、女性や育児や夫婦間などの日常茶飯事を観察し続けたが、フィヒテにとって重要な問題は、真理とか権力とか国家といった「大問題」に限られていた。

フィヒテのような男に、私は人生において（とくに学者仲間のうちで）ずいぶん遭遇してきたが、彼は、文字に書いてあることには抜群の理解力を示しながら、いま眼前の他人が何を考えているかはまったくわからない、という類の秀才のように思われる。この直後に出るヘーゲルやヘルダーリンやシェリングさらにはショーペンハウアーなどが適度に「オネトム」の要素を具備していることと比較しても、フィヒテの異様さが際立って見えてくるのである。

その幼年時代

（カントはそうではなかったが）フィヒテの神童ぶりを示す逸話には事欠かない。フィヒテはドレスデンに近い寒村ランメナウの貧しい職人の息子に生まれ、ギムナジウムに進むだけの余裕はなかったが、ある日彼に奇跡が起こる。フィヒテの家を含む領地を治める男爵が、高名な牧師の説教に間に合わず、聞きそびれた。残念がっていると、村の者が「このフィヒテ坊やはすべて憶えている」と教えてくれた。そこで試してみると、九歳のフィヒテは一字一句間違いなく説教を再現したとのこと。男爵は大いに感動して、フィヒテを引き取りギムナジウムに進ませた、という「日本昔話」のようなお話である。

若きフィヒテ、老カントを訪問する

前章では、カントの『宗教論』の刊行をめぐって概要をたどってきたが、これにフィヒテが一枚嚙んでいることが、カントにとってとりわけ大きな「棘(とげ)」であったように思われる。

若きフィヒテ(二九歳)は、一七九一年七月一日に老カント(六七歳)に会うため、ドレスデン近郊からはるばるケーニヒスベルクを訪れた。初対面の印象はよくなかった。

そのときの日記(七月四日)に、フィヒテは「カントを訪問したが、しかし特別な扱いはしてくれなかった。授業を聴いたが、そこでも期待を満たすことはできなかった。講義は眠かった」(『フィヒテ全集』第一巻、四四八ページ)と書いている。この印象は間違っていなかったように思う。二年後(六九歳のとき)にカントの講義を聴いたある者は、「カントの声は弱々しく、講義中に話は混乱し、わけがわからなくなった」（K．六ページ）とさえ報告しているのだから。

フィヒテは、カントと実のある会見をするには自分の原稿を読んでもらってからのほうがよいと考え、宿に閉じこもって一月半で『あらゆる啓示の批判の試み』を一気に書き上げた。カントに宛てて書かれた彼の手紙（一七九一年八月一八日）には次のようにある。

〔前略〕お示しすべき何の資格もないのにかかる方の知己を得ようと要求することは、僭越なことではないかという疑いを抱きました。紹介状をいただこうと思えばできたのです。しかし私が自らしたためたものだけにする方が好ましいと思います。ここに自己紹介状をしたためます。（『カント全集』第一八巻、一二五ページ）

同封した「自己紹介状」こそが、後の処女作『あらゆる啓示の批判の試み』の原稿である。そして、しばらく後にフィヒテはカント宅を訪問した。このときの訪問風景は私の想像力を無性に掻きたてる。フィヒテは、尊敬するカントを前に、自分が目下考えていることをまさに目を輝かせ口角泡を飛ばして語り続けたことであろう。そして、カントがそのあいだに時折見せる困惑した表情には、ほとんど気がつかなかったであろう。

別れのとき戸口で、フィヒテはありとあらゆる感謝の言葉をカントに投げつけたであろう。カントは、扉がバタンと閉まるや否や「ふっ」と軽く息を吐き、書斎に戻るあいだ「どうしようか？」と頭を抱え、そして、書斎に入りどかっと椅子に腰かけると、先の光景を切れ切れに思い出して、苦笑いしたかもしれない。その時のカントは、この訪問がきっかけとなって、自分を生涯で最も苦境に陥らせる事件が数年後に待っていようとは、想像だにしなかったことであろう。

カントは、フィヒテの原稿の初めのほうだけをさらっと見て、きわめて程度の高いものだとの感触を得たが、当時は次々に出される批判哲学に対する質問や修正や批判の数々に答えることに飽き果て、迫り来る老齢と闘いながら形而上学を完成しなければならないとの思いに駆られていた。よって、突如現れた若造フィヒテに関わっている暇などなく、その自己紹介状（『あらゆる啓示の批判の試み』の原稿）も、じつはほとんど読まなかった。いや、事態はもっと深刻である。ヤッハマンは次のように報告している。

カント独自の豊かな思想、およびあらゆる哲学的概念を、彼自らの理性の尽きることのない源泉から、容易にくみ取ってくる習慣のために、ついにカントは自分自身以外ほとんど誰をも理解できないようになってしまいました。〔中略〕カントの悟性が最も円熟して強力となった時期、すなわち批判哲学を取り扱った当時では、他人の体系の中にはいって考えるということほど、彼にとって困難なことはありませんでした。反対者の著作すら、彼は極度に骨を折ってやっと理解し得たという有様でした。彼はほんのわずかな間でも、自分の独創的な思想体系から離れることができなかったからです。（『カント　その人と生涯』、一五三〜一五四ページ）

カントはフィヒテをわかろうとしなかった。いや、わかるための時間と労力をかけようとしなかった。それでいて、出版社（者）を紹介したのだから、無責任とも言えよう。フィヒテのほうでも、崇拝していたカントに実際会ってみて、やや期待はずれであった。「期待はずれ」とは、第一にカントが自分の主張に対して、もろ手を挙げて賛成してくれなかったこと（これくらいは彼にもわかったはずである）であり、第二に、カントの老衰の甚だしさを確認したことである。

カントに対するフィヒテの失望感？

そして、この自信たっぷりな若者フィヒテは、カントに（1）『あらゆる啓示の批判の試み』を刊行できる出版社を紹介してほしいこと、（2）それに加えて思いがけず長引いたケーニヒスベルク滞在中カネがなくなったので、経済的支援をしてほしいことを訴えた(これは普通に考えて驚くべきことである)。カントは、後者に関しては直接の援助はきっぱり断ったが、前者に関しては彼の原稿を数ページ読んで、才能を感じ、(1)と(2)の二つに同時に応える一つの案にたどり着いた。すなわち、カントはルートヴィヒ・ボロウスキーを介してハルトゥングという出版社(者)にこの原稿を買い取ってくれるように、すなわち、出版前にカネを工面してくれるように頼んだのである。

なぜカントは初対面のフィヒテに対してこれほどの援助をしたのか不思議であるが、あえて推量すれば、無骨な礼儀知らずの若者ではあるが、その哲学に対する感動的なほどの情熱に打たれた、としか考えられない。そして、さらに推測をたくましくすると、まさにニーチェが「同情は悪である」と言うとおり、このカントの援助が、後の両者のあいだの亀裂を促進したように思われる。カントからすると、後々まで「あれほどのことをしてやったのに」という気持ちを抑えることはできなかったであろうし、フィヒテからすると、援助を受けたときはカントにひれ伏したいほどの気持ちであったのに、次第にそれが重荷になってきたのかもしれない。しかも、フィヒテは、同時に自分の考えがカントに充分には受け容れられなかったという実感をもち、一片のわだかまりが残ったようである(このわだかまりがずっとあとを引き、わずか七年で二人の関係を決裂させることは後に述べる)。

こういうことは、よくあることである。私の主宰する「哲学塾カント」に参加したはじめのうちは、私を天をも仰ぐほどの尊敬のまなざしで見ていた者が、次第に疑惑的なまなざしに、そして最後は軽蔑的なまなざしに変わるのだが、私はその変化を手に取るように見てとってしまう。そして、仕方ないと思いながらも、あまりにも露骨に態度を変化させる者とは良好な関係を保つことがうまくできないのである。

そういう私自身、二〇歳のころ哲学がしたくて尊敬していた大森荘蔵先生の所属している東京大学教養学部教養学科（科学史科学哲学分科）に「駆けこみ寺」のようにたどりついたのだが、はじめ哲学の権化のように尊敬していた先生に対して、やがて批判的なまなざしを向けていったように思う。しかし、先生は私のみならず、熱気溢れる学生たちの無邪気な質問の背後のまなざしを正確にとらえていたのであろう。常日ごろ「学生にできるのは、教師を軽蔑すること、そして、教師にできるのは、そういう学生を軽蔑することだ」と愉快そうに呟いていた。いま自分が教師の立場にあって、この言葉の真意がよくわかるのである。

さて、フィヒテであるが、彼のカントに対する態度の変化は、こうした師弟関係のレベルを超えた強烈なものであった。彼はカントに会う前に、あまりにも彼を尊敬していたから、面会のあいだじゅう、その言葉のすべてを吸収しようとし、その表情のすべてを見逃すまいとして（あの異様に鋭い眼で）穴の開くほど師を見つめていたのであろう。そしてカントと別れ、下宿に帰ってそのときの様子を何度も反芻していくうちに、徐々に潮のように押し寄せる満足感と不満足感の交差を味わったのではないだろうか？

一般的に言って、心から尊敬する人に実際に会ってみて、期待以上であることはまずなく、何らかの失望を伴うものである。

『あらゆる啓示の批判の試み』の刊行と思惑

『あらゆる啓示の批判の試み』は、一時検閲を通過しなかった。フィヒテは、そのとき、カントに「どうしたらいいか」と相談をもちかけているが、カントからは「その答えはない」というそっけない返事を受けている。そして、フィヒテがカントを訪問した翌年（一七九二年）に、本書は首尾よく刊行されたが、匿名であった。当時は、匿名での刊行はそれほど珍しいことではなかった（例えばカントの若いころ〈一七六六年〉の著作『視霊者の夢』も匿名で刊行されている）が、その後のカントとの関係から「逆算」して、どうしてもここには「何か」があったような気がしてしまう。

フィヒテの原稿をボロウスキーから受け取ったハルトゥングは、それを熟読した後に思案に暮れたように思われる。たしかに原稿はあるレベルを超えていて出版に値するが、内容は検閲にかかる恐れのある「啓示の批判」であるし、しかもカントの紹介ということもあって、慎重にことを進めねばならない。少なくとも確実なのは、無名の青年の処女作が売れる見込みはほとんどないということである。
こう考えていくと、いかにカントから依頼されたにせよ、ハルトゥングが未知の若造の原稿をボロウスキーから買い取ったこと自体が不思議なのであるが、この疑問を解消するには、どうしてもここに「何らかの思惑」を挿入したくなる。すなわち(これは純粋な推測であるが)ハルトゥングの脳裏に、「これを匿名で出せば、世間はカントの宗教論と誤解するかもしれない、そうすればスゴイことになるぞ！」という想念がよぎったのかもしれないのである。アルセニイ・グリガはこう言っている。

出版社はこの書物がカントの手になると推測されることをまさしく計算して、(フィヒテの希望に逆らって)匿名で出版したとも考えられる。(『カント　その生涯と思想』、二七六ページ)

フィヒテは、(意外なことに)この著作に完全に満足ではなかったようであるが、自信過剰で自己顕示欲の旺盛なフィヒテとしてみれば、当然のことながら処女作が「フィヒテ」という署名入りで刊行されて、ドイツの哲学界の話題をさらうことを期待していたであろう。それが、匿名とは！　フィヒテはやはり辛かったに違いない。しかし、ここに及んでこの提案を拒否したら、永久に世に出ないかもしれないという恐れもあり、匿名出版を承認したのであろう。

そして、フィヒテはこの匿名の処女作を、カントに贈呈したのである。これを受け取ったカントはどんな気持ちだったのであろうか？　まずは、包みを解いて単純に喜んだあと、たぶんその書に添えられていた自分への最高の感謝の言葉に溢れ、しかも絶対的自信に溢れたフィヒテの手紙を読んで、苦笑したのではなかろうか？

読んだのは最初の八ページだけ？

カントは、贈呈された本を熱心に読まない人であるが、この『あらゆる啓示の批判の試み』もほとんど読まなかった（最初の八ページと言われてもいる）。もし、彼が最後まで（いや第一章だけでも）綿密に読んだとしたら、「批判」との決定的違いを見出したことであろう。というのも、カントは、道徳的である限りのキリスト教神学すなわち「道徳神学（moralische Theologie）」を容認するのだが、道徳法則（定言命法）の背後に神を想定する神学すなわち「神学道徳（theologische Moral）」を否定しているからである。しかし、フィヒテの本書は、まさに「道徳神学」と「神学道徳」とを合致（融合？）させたものであり、道徳法則を通じて神の啓示を認め、それを「演繹（Deduktion）」しようと試みるものである。

若いフィヒテは、カントの認識の限界や理論理性と実践理性の違いをよく理解していたが、神からの啓示と道徳法則との一致というカントがはじめから拒否した前提に立ちながら、――不思議なことに――カントに忠実に従っていくかのような筆致で、すべての議論を進めていく。

> 神なるものの現実存在（eines Gottes Existenz）は、したがって、一なる道徳法則とまったく同程度に確実に想定されねばならない。（『啓示とは何か』、三四ページ）

> 〔前略〕神への尊敬、およびそこからくる道徳法則への尊敬も、つまり神の法則としての道徳法則への尊敬も、神が法則に一致していることにもとづかなければならない。（同書、五三ページ）

本書の基本をなす「演繹」という概念もカントの用法からずれている。「演繹」とは、カントにあっては、『純粋理性批判』「超越論的分析論」における「超越論的演繹」において確立されたように、例えば「原因は結果をひき起こす」というア・プリオリな判断が論理的に整合的（無矛盾的）であるのみならず、実在（現実）に正当に適用できること、を論証することである。しかし、フィヒテは次のように語るのであって、「理念の演繹」にも近いこの作業は、カントの考えもしないことであろう。

> 演繹によって現示されるべきは、概念が現実にア・プリオリに現存することではない。概念がア・プリオリに可能なことだけである。（同書、八一ページ）

ここではフィヒテの論述の詳細をたどることはできないが、はじめからカントとは異なった軌道を走ってきたこの書の結論は、目論見通り次のものである。

> 実践理性の原理と一致するような道徳の原理を立て、そこから導きだされるような道徳的格率しか立てない啓示だけが、神からのものでありうる。（同書、一三九ページ）

それにしても、本書をめぐっては、奇妙な事情が幾重にも重なり合っている。第一にカントはこれを携えて訪ねてきたフィヒテを款待（かんたい）し、出版まで世話していることと。『あらゆる啓示の批判の試み』というタイトルから、「啓示」を批判している限り、あえて反対しなかったのであろうか？　「宗教一般の演繹」や「純粋理性のア・プリオリな原理からの啓示概念の演繹」などの章タイトルを見ただけで、到底容認できる代物ではないことがわかったはずである。

第二に、それを引き受けた出版者のハルトゥングが、少しでも内容を読めば簡単にカントとのギャップを察知したはずであるのに、そのまま出版してしまったこと。

そして第三に――これが最も驚くべきことであるが――一七九二年の『一般学術新聞』(八二号)に、本書はカントの著作かもしれないと仄めかす文章が掲載されたこと。

刊行の四年前(一七八八年)にカントは『実践理性批判』において、道徳法則に「啓示」をもち込む「神学道徳」をきっぱりと拒否したのだが、そのことが当時のドイツの哲学界においてまったく理解されていなかったと考えると、唖然とするのである。

なお、その後フィヒテは『知識学綱要』(一七九五年)、『知識学の原理に従った自然法の基礎』(一七九六年)、『知識学への第二序論』(一七九七年)の三冊をカントに贈り続けたが、いずれもカントは読まなかったようである。もし熟読していたら、もっと早くフィヒテと袂を分かっていたはずであるが……。

カントの声明

ここで、時間を『あらゆる啓示の批判の試み』の刊行時（一七九二年）に戻そう。処女作が刊行されたこと自体が、無名の若者であるフィヒテにとっては驚くべき僥倖なのだが、さらなる僥倖が彼を待ち受けていた。先に述べたように、この書が一七九二年三月に刊行されてから三ヵ月ほど経ったときに、一七九二年六月刊行の『一般学術新聞』（八二号）に、これはカントの著作であろうか、と仄めかす文章が掲載されたのである。考えてみれば、いまやヨーロッパ中に名前の轟いているカントが『宗教論』を匿名で出す理由はないのだが、この文章はフィヒテの処女作がいかに高いレベルのものであるかを証明している。

はじめ私は、フィヒテはこの記事を読んで単純に驚喜したのではないかと推測したが、どうもそうではなく、「戸惑い」のほうが支配的だったようである。フィヒテはこれを読み、大慌てでカントにまどろっこしい文章の手紙を書く（一七九二年八月六日）。

どんな積りでこのような噂をすることができたのか、私にはわかりませんし、また私は事柄を漠然としか知りませんので、ますますわからなくなります。――このような誤解は、それ自体では私にとってよい気持ちのものに違いないとしましても私自身がこのような無分別によって、すべての人がそれだけますます貴方に帰すべき尊敬の念――なぜならこれが私たちが貴方にお示しできるほとんど唯一のものでありますから、――を損い、またそのことによって上の事件にどんなにかすかな誘引でもこれを与えたと、貴方ならびに読者の一部が信じうることがありうると考えますと、まことに恐ろしくなります。

私の著述家としての最初の試論を本当に御親切に斡旋して下さいましたことを――このことを私は十分知っておりますし、また感謝しておりますが、――貴方に後悔させるようなことは、一切注意深く避けようと努めてまいりました。貴方は私の論文のほんの一部分を読んだにすぎず、残りの部分はこれから推論しただけであると言っておられますが、私はこれと矛盾したことをけっしてどんな人にも話したことがありません。私はむしろ貴方の言われたこととまさに同一のことを繰り返し話しました。

（『カント全集』第一八巻、一九八ページ）

遅くともこの記事が出た時点で、ハルトゥングは「これはカントの著作ではなくフィヒテという若者の書である」と宣告するのが筋であろうが、そうしなかったことにより、ますます匿名は彼の「企み」であったように思われてしまう。

カントは、同じ『一般学術新聞』の一七九二年八月二〇日付（一〇二号）において、先の記事に対して次のように冷静に対処した。

『あらゆる啓示の批判の試み』の著者は、昨年短期間ケーニヒスベルクに立ち寄った〔中略〕フィヒテ君である。〔中略〕なお、『一般学術新聞』八二号の学芸欄が暗にほのめかしているように、私は文書にても口頭にてもこの練達の士の労作にはいささかも関与したことはなかった〔後略〕。（同書、二〇〇ページ）

このカントの声明に、ハルトゥングは「やった！」と叫んだかもしれない。しかし、フィヒテは嬉しいながらも複雑な心境であったであろう。というのも、声明の最後にカントがはっきりと、自分はこの著作に「いささかも関与したことはなかった」と書いているからである。しかし、もはやこれは些細なことである。このカント自身の声明により、無名の新人フィヒテはドイツ哲学界の注目の的になり、あっという間に「有名人」になってしまった。いかなる微妙な動因があろうとも、結果として、ハルトゥング＝フィヒテの「企て」はうますぎるくらいうまく達成されたのである。

その後、カントがフィヒテに手紙を書くのは、翌一七九三年の五月一二日のことであるが、そこでカントは「貴方の名誉となる御著作『あらゆる啓示の批判』はまだほんの一部分しか、それもいろいろな用事に妨げられて、読んだにすぎません」(同書、二四九ページ)と告白している。

「スコラ哲学」をめぐる決裂

フィヒテは、その後ゲーテの推薦でイエナ大学に職を得(一七九四年)、その直後に、初期知識学の集大成である『全知識学の基礎』を刊行した(一七九五年)。まさに破竹の勢いで、カント後のドイツ哲学界に打って出たという感がある。カントはまだ健在であった(七一歳)が、フィヒテから贈呈された本書を開くことはなかったようである。

そして、両者の決定的な決裂の動因となったのが、一七九七年一二月のカントからフィヒテに宛てた手紙と、その返事となるフィヒテからカントへの手紙(一七九八年一月)である。

前者で、カントは不満を抑えつけながらも丁重な文面を維持しているが、最後にフィヒテに対してははっきりと、その進んでいる方向を変えるように警告している。

貴方はこれをもってスコラ哲学的な茨の道を放浪しつくされたのであり、再びそれを

振り返って見る必要はないことと存じます。（同書、四〇二〜四〇三ページ）

これに対して、自信たっぷりのフィヒテは、やはりその返事の最後でぬけぬけと次のように答えている。

しかしそれにもかかわらず、まだスコラ哲学に別れを告げようとはけっして思いません。私はこれを喜んで気軽に押し進めています。それは私の力を元気づけ高めてくれます。さらに私はこれまでスコラ哲学のかなりの分野を、単に素通りしながら触れたにすぎず、まだ熟慮して測量しつくしたわけではありません。その分野は趣味批判の分野です。（同書、四一〇ページ）

「スコラ哲学」とは思弁（概念）だけで認識（真理）に達しようとする方法一般を意味するのであろう。まさにカントは生涯をかけてこうした方法を批判したのであるが、フィヒテは、「スコラ哲学」こそ、「私の力を元気づけ高めてくれます」とカントに書き送っている。しかも、フィヒテは、自分が探究しているカントこそ「ほんとうのカント」だと確信していた。カントは、歯ぎしりして憤りに燃えたことであろう。

フィヒテの知識学

さて、その知識学であるが、一七九五年の『全知識学の基礎』に沿ってその基本構図を概観してみよう。

第一原則、「自我は自我である」。第二原則、「非我（経験的自我）は自我（純粋自我）ではない」。第三原則、「自我（純粋自我）は非我（経験的自我）であり、非我（経験的自我）は自我（純粋自我）である」。

さらに、第二、第三原則と第一原則から、「自我（純粋自我）は自我（純粋自我）であり、かつ非我（経験的自我）である」、と「非我（経験的自我）は非我（経験的自我）であり、かつ自我（純粋自我）である」が導かれる。よって、自我（純粋自我）と非我（経験的自我）は同じ述語を有し、「可分的」である（互いに制限する）ことになる。

しかし、これは自我内部の話ではない。経験的自我は世界における他の諸物と緊密な相互関係にあるのだから、じつは「経験的自我」に「客観的世界」を代入することができるのだ。こうして、先の図式は、第二原則以下次のように書き直すことができる。第二原則、「世界は自我（純粋自我）ではない」。第三原則、「自我（純粋自我）は世界であり、世界は自我（純粋自我）である」。

さらに、このことと第一原則から、「自我（純粋自我）は自我（純粋自我）であり、かつ世界である」、と「世界は世界であり、かつ自我（純粋自我）である」が導かれる。よって、自我（純粋自我）と世界は同じ述語を有し、「可分的」である（互いに制限する）ことになる。

こうした論述に多くの読者は頭を抱えるであろうが、読者にこの部分を理解してもらいたいわけではない。こう書き出したのは、ただフィヒテの「スコラ哲学」ぶりを示すためだけであるので、辟易したら、この部分は飛ばして次に進んで構わない。

なお、先のフィヒテの手紙を受けてから三ヵ月後（一七九八年四月）に、カントはヨハン・ティーフトルンク宛てに、フィヒテの知識学（スコラ哲学）に対する憤懣をぶつけている。

フィヒテ氏の『一般知識学』をどうお考えでしょうか。本書はずっと以前に同氏が私に贈って来たのですが、〔中略〕今度『一般学術新聞』紙上の批評ではじめてその本について知ったような次第です。今のところこの本を手に取る暇はありませんが、しかしフィヒテ氏に対するその批評は（この批評家は多分に贔屓目をもって書いていますす）私には一種の妖怪か何かのように見えます。つまり人がこれを捉えたと思っても実は何の対象もなく、結局自分自身を、しかも捉えようとする自分自身の手だけを見るようなものです。——単なる自己意識、しかも素材をもたない思惟形式だけの自己意識、したがってまたこれを反省してみても反省が向けられるようなものが実際に存在せず、その反省は論理学をも越えるというような自己意識は、読者に奇異な印象を与えます。（『カント全集』第一八巻、四二〇～四二一ページ）

とはいえ、カントはこの生意気なフィヒテばかりに関わってはいられなかった。そのころドイツじゅうから批判哲学に対する正面からの反論というより、それを修正する説が次々に登場してきたが、残り少ない人生において形而上学の完成という使命を果たさねばならないと考えていた七四歳のカントは、フィヒテの説もその一つくらいに考えて、さしあたり打ち捨てておいたのである（両者の関係がこれで終わらないこと、完全な決裂に至ることはやがて明らかになる）。

フィヒテの知識学に対するカントの最終声明

しかし、この手紙から一年あまり経った一七九九年八月（七五歳のとき）に、カントはフィヒテに対して次のような決然とした最終声明を発表した。

一七九九年一月一一日付け『エアランゲン文学新聞』第八号で、ブーレの『超越論的哲学の構想』に関し、読者の名において私に発せられた評者のもったいぶった要請に対し、このように言明する。すなわち、私はフィヒテの知識学を全く根拠のない体系と考える、と。なぜなら、純粋知識学は単なる論理学以上でも以下でもなく、また論理学はその原理をもって認識の内容に至るまでは思い上がらず、むしろ純粋論理学としてはその内容を捨象するものであり、また論理学から実在的な客観を取り出すということはむだな仕事で、したがってまた決して試みられたことのない仕事であり、むしろ超越論的哲学が問題となる場合にこそ、形而上学にまで発展することになるのだからである。しかしながら、フィヒテの原理に従う形而上学に関しては、これに関与する気はほとんどないので、私は返書の中で、彼に、むだなへりくつ（apices）のかわりに、そのすぐれた叙述の才を養うように忠告した。〔中略〕しかしながら、この忠告は、「それでも自分はスコラ的なものをゆるがせにしないであろう。」という言明をもって、ていちょうに拒絶された。したがって、私がフィヒテ哲学の精神を真の批判主義と考えるかどうかという問題は、彼自身によって答えられたのであって、私はその哲学の価値・無価値について、とやかく言う必要はない。なぜなら、ここで問題となるのは、判定される客観ではなくて、判定する主観であるからである。したがって、ここでは、私がかの哲学に対するあらゆる関心から断ち切られることでじゅうぶんである。(『カント全集』第一六巻、二五一～二五二ページ)

出だしにある、ブーレの『超越論的哲学の構想』は、カントではなくフィヒテを超越論的哲学の開祖とみなすような口調であり、このことがカントを激怒させたのである。しかし、この声明の中でカントが二人の書簡における「スコラ哲学」に関する見解の相違を取り上げているように、二人の決裂はずっと前から時間の問題であったと言っていいであろう。

なお、内容についてコメントを付けると、このカントの見解は、半分誤解である。カントにとって純粋自我(超越論的統覚)はあらゆる形式の源泉であるから、論理学を基礎づけることはできるが、実在性を基礎づけることはできない。実在性はあくまでもわれわれに与えられているのであり、よって実在性を与える物自体は残る。しかし、フィヒテは論理学から実在性を導き出そうとしたのではなく、むしろ、実在性から論理学を導き出そうとしたのであり、その実在性の根源こそ自我だとした。もちろん、カントはこうした構図自体を認めようとはしなかった。

辛辣きわまりない言葉の裏

声明は、さらにしばらくフィヒテ批判に終始するが、その次にカントはじつに辛辣なフィヒテという「人間」に対する非難を吐露している。カントという「人間」を知るためにも、その部分を引用してみよう。

イタリアのことわざに言う。「神よ、友に対してのみ守りたまえ。敵に対しては、みずからよく戒めるゆえに。」と。すなわち、善良で、われわれに対して好意的でありながら、しかも、われわれの意図を助ける手段の選択においては、ばかげたふるまいをし（愚鈍な）、そしてまた、時には欺きもし、こうかつでもあって、われわれの破滅を企て、しかも好意を寄せるようなことを口にする（口で言うことと、心に思うことが、うらはらである。Aliud lingua promptum, aliud pectore inclusum gerere.）いわゆる友人なるものがいる。そのような人々や、彼らのしかけたわなに対しては、いくら警戒しても、しすぎることはない。（同書、二五二ページ）

はじめカントにすり寄ってきたフィヒテは、自分の紹介によって処女作『あらゆる啓示の批判の試み』が出版され、それによって現在の地位を得たにもかかわらず、批判哲学を根本から変革しようという野望を抱いている。まさに彼は「口で言うことと、心に思うことが、うらはらであるいわゆる友人」であって、彼の「しかけたわなに対しては、いくら警戒しても、しすぎることはない」のである。

こうした辛辣きわまりない言葉の裏にはフィヒテの『あらゆる啓示の批判の試み』は成功を収めたのに、まさにそれに触発されて出版した自分の『宗教論』が国王（プロイセン政府）の咎めに遭ったことに対する煮え返るような怒りもあるであろう。そして、最後にムキになったように「批判哲学は永遠不滅である」ことを宣言して、カントはこの声明を結んでいる。

しかし、それにもかかわらず、批判哲学は、理論的ならびに道徳的実践的意図において理性を満足させようとする、そのとどめ難い傾向により、次のことは確かであると自覚するにちがいない。すなわち、批判哲学の前には、どのような意見の変化も、どのような修正も、あるいはまた違った形をもつ体系も存在せず、むしろ批判の体系は完全に確立された基礎の上に立っているので永遠に堅固であり、また将来もずっと人類の最高目的に欠きえないものである、と。（同書、二五二〜二五三ページ）

冷静に考えてみるに、両者の見解の相違は概念と実在との関係の基本的なとらえ方の相違であり、容易に解消されないものである。論理学から実在性を排斥するのではなく、むしろ論理学にはじめから実在性を含めるという発想の大転換は、すぐ後のヘーゲルやシェリングなど（いわゆる）ドイツ観念論の根幹となっている。（次章で検討するが）カントの期待したように、実在性を論理学から排斥するという前提の上に成り立っている批判哲学が最終的に勝利するというかたちでの「哲学における永遠平和」は、そうやすやすと実現されない性質をもっているのである。

「自分自身の哲学を理解していない」

さて、自分に対するすさまじいほどの反感に満ちたカントの「声明」を読んだ三七歳のフィヒテはどう感じたであろうか？　フィヒテは自分こそ「真実のカント」をつかんだと信じていたのであるが、それがほかならぬカント自身によってきっぱり否定されたのであるから、痛手は大きかったはずである。しかし――これがフィヒテの恐ろしいまでの強さである――フィヒテは、これほどの仕打ちにもめげなかった。このカントの声明に対してフィヒテはますますカントへの反抗心をむき出しにしていったのである。グリガは次のように書いている（『カント　その生涯と思想』、三二六ページ）。

フィヒテは公の場で慎重に答えるだけの気遣いをもっていた。その代り彼は手紙の中で鬱憤を晴らした。彼はカントを「半端頭」と呼び、その学説は「全くの無意味」であり、彼の行動は「売春」である、と言った（カール・レオンハルト・ラインホルトへの手紙、一七九九年九月二十八日付）。

カントも上品とは言いがたいが、この手紙においてフィヒテは生来の（?）下品さを丸出しにしている。しかも、これは売り言葉に買い言葉というレベルの話ではない。カントの激情的な「声明」によって、フィヒテはますます、カントが「自分自身の哲学を理解していない」という確信を強めていったのであるから。それは、ますます自分の知識学が正しいという確信を強めていったことにほかならない。先のグリガの引用の続きには、こうある。

そして最後になお彼は、ケーニヒスベルクの賢者は、「自分自身の哲学を特別よくは知らなかったし、現在もよく知らず、理解してもいない」（シェリングへの手紙、一七九九年九月二十日付）、と断言した。（同書、三一六ページ）

哲学史を通覧すると、われわれは哲学者どうしのうんざりするほど激しい論争を見ることができるが、論争相手に向かって「自分自身の哲学を理解していない」というかたちで非難することは、ほかに類のないものではなかろうか？　しかも、フィヒテのこの自己過信した（傲慢至極な？）態度は、じつのところカントとの初対面のときから、ぼんやりとではあるが彼のうちに潜んでいたように思われる。

のし上がった者の二つの類型

フィヒテもまた宗教に関してはカント以上に厳しい処置を受け、その「知識学」は神なしで済ます「無神論」であるとの批判を受けた（無神論論争）。しかし、フィヒテの反応はカントと対照的であり、ありとあらゆる言語媒体を使って、派手に声を荒らげてこうした非難の不当性、自分の潔白性を訴え続けた。

それにもかかわらず、結局、フィヒテは、最終的には教授会による退職勧告を受けて（一七九九年に）わずか五年でイエナ大学を退職せざるをえなかった。カントの最終的「声明」が発表される一月前であり、フィヒテはダブルパンチを受けた。このとき、かつて国王（プロイセン政府）に恭順の意思を表明してケーニヒスベルク大学教授の職に留まり続けたカントを、フィヒテはどう思ったのであろうか？

しかし、(打たれ強い？) フィヒテはカントの最終声明にもめげず、いやこれによってさらに鼓舞されて (？)、「一八〇一年の知識学」「一八一〇年の知識学」というように、みずからの知識学を着々と発展させていったのである。こうした彼の異様な「強さ」は、彼の育ち、極貧から大学教授にまで上り詰めた彼の経歴によるのであろう。カントも同じく、貧しい馬具商の子から大学教授にまで成り上がった男である。

カントとフィヒテの「経験的性格」は、困難な境遇からのし上がった者たちが身につける二つの典型的な類型であるように思われる。すなわち、カントは周囲の人間を過度に警戒し、常に「賢く」振る舞うように自分を訓練し、石橋を叩いて渡るタイプであり、それに呼応して、行動はきわめて慎重でありながら、著作中では思いっきりシニカルな言動を駆使して憂さを晴らすタイプである。これに対してフィヒテは、その体内に積もり積もった怨念を吐き出すことによって生きるエネルギーを得ているタイプであり、さらに自分の体内にエネルギーを蓄えるために敵をこしらえ、その敵との激しい (汚濁に充ちた？) 戦いによってかえって元気を得るタイプである。こう書いてみて、後者は、ヒトラーにも妥当するような気がする (拙著『ヒトラーのウィーン』ちくま文庫を参照のこと)。

さて、フィヒテは、イエナ大学から退職勧告を受けたにもかかわらず、(たぶん) ますます闘争心を燃え立たせて仕事を続け、その後まもなくエアランゲン大学を経て（一八〇五年）、新設のベルリン大学に招聘された（一八一〇年）。その講義は大人気であり学生たちは教室に入りきれず廊下まではみ出したという。そして、彼は一八一一年に初代ベルリン大学の総長というドイツ哲学界最高の地位にまで上り詰めたのである。

カントがまさに老体に鞭打って書いた『形而上学』は、この時点ではほとんど省みられず、それにフィヒテの知識学がとってかわったかのようであり、（世俗的には）カントを完璧にノックアウトしたかたちになった。これに関連して、おもしろい「小話」を。フィヒテは、一八〇七年（カントの死後三年）に、ナポレオン軍の制圧下にあるベルリンを逃れて、こともあろうにケーニヒスベルク大学教授の職を得たのである。カントのいない一六年ぶりのケーニヒスベルクで、フィヒテは何を思い、何を考えたのであろうか？

なお、カントとフィヒテとの関係は、不幸なものに思われるかもしれないが、哲学界ではそんなに珍しいことではない。フィヒテは、カントとの決裂の三年後（一八〇二年）に、「同一哲学」を標榜して世に出ていた若き天才シェリングとも「知的直観」をめぐって絶交した。そのシェリングは竹馬の友であったヘーゲルとの仲が次第に険悪になり、やはりまもなく決裂した。哲学闘争の場合、長く生きたものが勝ちである。シェリングはヘーゲルの「栄華」をずっと横目で見つつ、ヘーゲル亡き後のベルリン大学に乗り込んで、全精力を注いでヘーゲル哲学の誤りを暴くことに専念したのである。

哲学者同士の壮絶な闘い

ここであえて横道に逸れると、親密な師弟関係がやがて不倶戴天の敵の関係になるのは、いつでも同じである。フッサールは一時「私とあなたが現象学だ」と宣言するまでに弟子のハイデガーを信頼していたが、ハイデガーはじつのところフッサールの現象学の方法的誤りを土台にしてみずからの哲学を築き上げていった。そして、当然のように両者は決裂するのであるが、ハイデガー哲学に対するフッサールの言葉は、すさまじいものである。

> 私は、自分がハイデガー流の深遠さとは、この天才的な非学問性とは何の関係もない、という気の重くなる結論に達したのです。ハイデガーが陰に陽に行なった私への批判は、粗雑な誤解に基づくものです。彼が構築しようとしている体系哲学こそは、その打破を私が常に生涯の目標としてきたものです。(『マルティン・ハイデガー』、二六六〜二六七ページ)

「天才的な非学問性」とは、学者に向けうる限りの最大限の侮蔑的な言葉であろう。

そのほか、華々しいものだけをとっても、ラッセルは、はじめからさまざまなテーマでヴィトゲンシュタインと対立していたが、ヴィトゲンシュタイン後期の代表作『哲学探究』を評して「茶飲み話」だとした（ラッセルはヴィトゲンシュタインの哲学的才能は自分以上だと評価していたが）。

先に見たヘーゲルとシェリングのように、哲学者同士の堅い友情もあっという間に決裂することがあるが、この実例も現代に至るまでこと欠かない。サルトルは、ソヴィエト連邦についてかつての盟友であるカミュやメルロ＝ポンティと意見を相違し、絶交状「アルベール・カミュに答える」（『レ・タン・モデルヌ』八二号所収、一九五二年）を突きつけた。カミュに対するその頭からの軽蔑口調は哲学史上とびきり毒を含んだものである。


ああ、カミュよ、君はじつにまじめだね。いや君の言葉のまねをすれば、君はじつに軽薄だ！　しかしもし君が間違っていたら？　君の本がただ君の哲学上の無能力を証明しているとしたら？　大急ぎで、セコハンでかき集めた知識でつくられていたとしたら？〔中略〕君の思想があいまいで、平凡だとしたら？　そしてジャンソンが、単に、その貧弱さにおどろいたのだとしたら？　君の輝かしい明証をくもらせるどころか、薄弱で、暗くて、混乱した思想の輪郭をはっきりさせるために、ランプをつけなければならなかったとしたら？　（『サルトル全集第三十巻　シチュアシオンⅣ　肖像集』、八四〜八五ページ）

僕は君に『存在と無』を参照してくれとすすめることはよそう。あれを読んだところで君はいやにむずかしいと思うだけだろう。君はむずかしい思想は嫌いだから、わからなかったのだろうといわれないように、そこには理解するに足るものはなにもないと、あっさり判断を下してしまう。（同書、九〇ページ）

サルトルは『異邦人』の作者としてのカミュを評価したのであって、はじめから彼の「哲学上の無能力」を見抜いていたふしがある。サルトルほどの鋭利で強靱な頭脳からしたら当然のことであろう。カミュが哲学を語る文章は「大急ぎで、セコハンでかき集めた知識でつくられていた」のであり、その思想は「あいまいで、平凡」であり、驚くほど「貧弱」であり、「暗くて、混乱」しているのである。ちなみに、サルトルのこのカミュ評は、私も賛成せざるをえない。それは、頭のいい高校生のレベルを超えるものではないと確信している。

賢明なる読者にぜひ言っておきたいが、哲学者が冷静であると考えてはならない。自制心があると考えてはならない。私の知っている限り、（もちろん私を含め）哲学者は地上に生息している生物のうち最も感情的で、最も自制心のない存在者である。それが、ただのゴロツキと違うのは、そのやり方が陰険で冷酷で執念深いこと、すなわちきわめて下品なことである。

形而上学の完成に向けて

ここで、あらためて「フィヒテ事件」が勃発したときのカントの状況をまとめてみよう。一七九〇年に三批判書の最後をなす『判断力批判』を書き終えたとき、すでにカントは六六歳になっていた。一七八一年の『純粋理性批判』第一版の刊行からすでに九年が経っている。これからすぐに『形而上学』に着手しなければならない。「批判」とはそのための方法論にすぎないのである。

カントにはそのあいだのきわめて質の高い仕事に対する満足感はあったが、まだ『形而上学』を書くという本来の仕事をやり遂げていないのだ。六六歳まで生き延びたことが奇跡的であるとさえ思われる虚弱な自分の身体を思い、カントはあせっていた。もはや、外部の騒音にはいっさい煩わされずに、形而上学の完成に残されたすべての精力を注ごう、そうカントは決心していた。『判断力批判』に取り組んでいたころに、どさっと大部の原稿を送ってきたマルクス・ヘルツ宛てに、カントは次のような皮肉な手紙を書いている。

それにしてもきわめて綿密な探究からなる大きな小包を、単に通読のためばかりか私の省察を求めて送って下さるとは、どういうお積りでしょうか。六六歳になってまだ自分の計画を完成しようと煩瑣な仕事（その一つは『批判』の最後の部分、すなわち間もなく出版されるはずの判断力の部分を世に送ることであり、また一つは自然および人倫の形而上学の体系をかの批判的要求に即して仕上げることです）を背負っており、その上若干の点についての特別な説明を要求してくる多くの手紙によって絶えず息をつかせず駆り立てられ、おまけにますます弱まってゆく健康状態にある、この私に送って下さるとは。いま述べたまったく理由のあるこのような弁解をもって原稿を直ぐに送り返そうと、すでに半分は決心していたのです。（『カント全集』第一七巻、四〇九ページ）

では、なぜ「批判」に留まるのではなく「形而上学」なのか？　人類ではじめて「批判」という正しい方法を見いだし、その方法の上に立って、独断的な（批判を受け容れていない）アリストテレスの形而上学に代わる「自然の形而上学」と「人倫の形而上学」を確立することができれば、その上にすべての学問を基礎づけることができる、これがカントの展望だからである。

しかし、まさにそのとき、フィヒテがこの計画をかき回したのである。前章で述べたように、カントはその「処理」にさらに七年を要した。こうして、『人倫の形而上学』が刊行されたのは、ようやく一七九七年（第一部「法論の形而上学的基礎論」が一月、第二部「徳論の形而上学的基礎論」が八月）のことであり、すでにカントは誕生日をまたいで七二から七三歳の高齢であった。結果として――きわめて残念なことに――われわれが三批判書から期待する輝かしい「形而上学」とはほど遠い、法と徳に関する断片の集合しか残らなかった（その内容には第五章で触れる）。まして、「自然の形而上学」は一七八六年刊行の『自然科学の形而上学的原理』で中断されたままであり、完成のめどさえ立っていない。

（とくにカントをうわべだけで知っている）読者諸賢はこのことを肝に銘じてもらいたい。現在（じつは当時も）、カントの主著として高く評価されている『純粋理性批判』『実践理性批判』『判断力批判』といった三批判書は、カント本人にとっては、本来の主著である『形而上学』のための方法を提示した「予備学」にすぎないのである。そして、その「形而上学」をカントは、まさに老体に鞭打ってまとめ上げたのであるが、すでに「時間切れ」であり、誰も見向きもしない低レベルの作品に終わってしまったということである。

第四章　政治に対する態度――『永遠平和論』

筆禍事件の影

『宗教論』の刊行に伴う挫折の後、はじめてカントが刊行したのは、一見意外なことに一七九五年の『永遠平和論』である。『宗教論』で痛い目にあったカントが、今度は思いっきりテーマを変えて現世的・政治的テーマを扱ったのであろうか？　カントが長いあいだ（ヨーロッパの）国際政治に深い関心をもち続けていたことは確かである。また、ことさらフランス革命の成り行きに並々ならぬ関心をもっていたカントが、プロイセンとフランスの革命政府とのあいだに締結されたバーゼル条約に触発されてこの書を書いたことに不思議はない。しかし、それだけではこの著書にみなぎるカントの「反抗的情熱」を説明し尽くすことはできないであろう。ここには、『宗教論』と『永遠平和論』とを結ぶ細いがしっかりした糸が見えるのではないだろうか？

こうした想定のもとに、以下考察していく。まず、（『永遠平和論』の）考察に先立って、（次章のテーマであるが）一七九七年刊行の『人倫の形而上学』において登場する「法の普遍的法則」を垣間見ておくことにする。

汝の意思の自由な行使が普遍的法則に従って何びととの自由とも両立しうるような仕方

で外的に行為せよ〔後略〕。（『世界の名著32　カント』、三五五ページ）

「法の普遍的法則」で言われている「自由」とは、じつはすでに『実践理性批判』（一七八八年）で論じられているのだが、各人が単に行為をみずから開始するという意味における「消極的自由」ではなく、各人は（理性的である限りにおける）自己自身の命令にのみ従い、他のいかなる権威にも権力にも従わずに行為を開始するという意味における「積極的自由」すなわち「自律（Autonomie）」である。

よって、「法の普遍的法則」とは、理性的で自由な各人は（理性的である限りにおける）自己自身の命令にのみ従うべきであり、他のいかなる権威にも権力にも従うべきではない、という法則である。ここであらためて思い起こすと、『宗教論』の刊行によってプロイセンの官憲から咎めを受けたことは、まさにこの「自律」が脅かされたことであった。この挑戦をどう受け止めどう対処するか、それはカント哲学の中核をも揺るがす試練だったのである。そして、第二章でやや詳細にたどったように、どう贔屓目に見ても、カントは自律を貫き通したとは言えない。そこに妥協が見られ、自己欺瞞が見られることは明らかである。

カントは自分自身それに気づいていたのであろう。そして、仕方なかったという気持ちと自分を責める気持ちの揺れの中に留まり続けたように思われる。いや、さらに想像力をたくましくすると、生涯の終わりに至るまで、このときの自分の「汚点」を苦い気持ちで反省していたのではないか。私の「主観的な」読みであることは自覚しているが、この後のカントの著作には、何らかのかたちでこの筆禍事件およびそのときとった自分の態度に対する反省が影を落としている。そして、はじめに言ったように、この『永遠平和論』にも、その「影」が認められるのである。

理性的で自律的な国家

以上を銘記して、国際政治における「永遠平和」へと目を転じてみよう。カントによれば、永遠平和は、法の普遍的法則のバリエーションとして導き出されうる。すなわち、法の普遍的法則における「汝」に「汝の（属している）国家」を代入するだけである。

汝の（属している国家の）意思の自由な行使が普遍的法則に従って何びとの（属している国家の）自由とも両立しうるような仕方で外的に行為せよ。

すなわち、「永遠平和」という通俗的な美名の背後に隠れがちであるが、カントが提言する自由な国家間の平和状態の実現とは、自由な各人のあいだの平和状態を国家にまで拡大したものにすぎない。理性的で自由な国家は（理性的である限りにおける）自己自身の命令にのみ従うべきであり、他のいかなる権威にも権力にも従うべきではない。言いかえれば、理性的で自律的な各人が他人の自律を侵害しない平和な共同体を形成すべきであるように、理性的で自律的な各国家は他国の自律を侵害しない平和な国際社会を形成すべきなのである。

こうして、カントは本書において近い将来実現されうるような永遠平和論を書こうと意図しているのではないことはわかる。とはいえ、むき出しの力が支配する国際政治において「理性的で自由である限りの各人（各国）」にとっての「普遍的法則」を提言するのは、ほとんど無謀と言っていいのではないか？

だが、カントはこのことを承知のうえで、あえて理性的で自由な存在者という枠を微塵も越えずに「自然状態」のままである国際政治の舞台における「永遠平和論」を書いたのである。このことは、その技巧を駆使した「序文」を読むとき、より確信に近づく。

過度の諧謔の理由

「序文」において、カントは、まず政治家を「実践的政治家」と「理論的政治家」に区別したうえで、次のように語っている。

〔前略〕実践的政治家は理論的政治家に関しては、これを実用の役に立たぬ学者として蔑視して大いにうぬぼれる態度を取り、かかる学者としての理論家が彼の内容的に空虚な理念をもってして、経験の諸原則から出発しなくてはならぬ国家に危険をもたらすはずはないと思っており、したがってこの種の理論家をして一度に十一本の九柱戯を倒させるような遊びをさせても、世事に明るい政治家はこれを気にする必要はないはずであるから、そうである限り実践的政治家は理論的政治家と意見を異にして争う場合でも、この理論家が運を天に任せかつ公けに発表した意見の背後に国家に対する危険を嗅ぎつけることをしないという首尾一貫した態度をとらなくてはならないのである〔後略〕。(『カント全集』第一三巻、二一三ページ)

この文章は、カント的悪文(?)の典型であって、このままでは(この背後に潜むカントの意図を知らなくては)なかなか理解が困難であろう。その論述の骨格を抽出すると、実践的政治家はカントのような理論的政治家=哲学者の「空虚な理念をもってして、経験の諸原則から出発しなくてはならぬ国家に危険をもたらすはずはないと思って」いるのだから、彼らと「意見を異にして争う場合でも」「気にする必要はないはず」であって、彼らが「運を天に任せかつ公けに発表した意見の背後に国家に対する危険を嗅ぎつけることをしない」という態度をとるべきだ、ということである。

そして、「空虚な理念」の例として「一度に十一本の九柱戯を倒させるような遊び」を挙げている。「九柱戯」とは、ボーリングのようなゲームらしく、九本の柱のうち多くの柱を倒したほうが勝ちなのだが、理論的政治家＝哲学者は「俺は十一本倒した！」と主張する輩だというのである。以上の文章の後に、カントは「この草案の著者〔すなわちカント〕はここに最良の形式において、あらゆる悪意のある解釈から明確に保護されていることを望むものである」（同上）と結んでいる。

さらに、この序文の出だしは皮肉たっぷりである。

この皮肉な題銘は、かのオランダの旅館の主人の、墓地が描かれていた看板の上に刻まれていたものであるが、それは人間一般に妥当するものであるのか、あるいは特に、決して戦争に飽くことを知らない国家の元首たちに妥当するものであるのか、あるいはことによるとかの甘い夢を夢みている哲学者たちだけに妥当するものであるのか、これは差しあたり決定せずにおこう。（同書、二一三ページ）

これにも解説が必要であろう。「この皮肉な題銘」とは、『永遠平和のために』という本書の題名であるが、それは当時「墓地」に掲げられていた。それが、オランダのある旅館の看板に、たぶん「ご休憩を」という意味で書かれていたというのだから、「皮肉な題銘」だというわけである。

私のカントとの長いつきあい（？）によると、彼は怒りを直接ぶつけることもあるが、諧謔（かいぎゃく）に諧謔を重ね、相手を手玉にとって煙に巻く仕方で自己の主張を貫き通すこともある。この「序文」は後者の典型であり、みずからに道化師の衣を着せることにより、官憲の目を逃れるという策略であり、同時に、哲学者とはかくも夢物語を語る輩であると自嘲的に念を押すことによって、言いにくいことを言ってしまう、という戦略である。

この文面は、カントの他の著作と比較しても、群を抜いて（異様なほど？）諧謔を駆使しているが、本書の執筆当時カントは、一七九三年刊行の『宗教論』が翌一七九四年に国王により咎められ、講義停止、宗教関係の著書刊行禁止という処分を受け入れ、ほとんど自宅軟禁の状態にあった。その後はじめて公にした著作が本書であるから、そこに官憲に対するカントの憤懣やる方ない抵抗の姿勢が見られても不思議はない。いや、さらに私の耳には、こうした文章の行間から、先に咎められた『宗教論』も、同じ哲学者＝夢想家のたわごとなのに、なぜそんなに目くじらを立てるのか、という自分を正面から咎めたプロイセン政府に対する宣戦布告の声が聞こえてくるのである。

以上、あまり研究者が触れないことだからこそ、あえて強調してみた次第である。本書を国際連盟・国際連合の先駆けとして称賛するのも結構であるが、カントが当時永遠平和を主張することに対して、いかに用心したかを知る必要もあろう。

永遠平和という課題

ここで、先に引用した箇所をもう一度掲げてみよう。

〔前略〕それは人間一般に妥当するものであるのか、あるいは特に、決して戦争に飽くことを知らない国家の元首たちに妥当するものであるのか、あるいはことによるとかの甘い夢を夢みている哲学者たちだけに妥当するものであるのか、これは差しあたり決定せずにおこう。(同書、二一三ページ)

カントは、永遠平和は「人間一般に妥当するものである」と言いながら、多くの人々は、それを「かの甘い夢を夢みている哲学者たちだけに妥当するもの」とせせら笑うであろう、と先手を打っている。すなわち、カントはまさにカント倫理学の根幹をなす思想に基づいて、国際政治において先に挙げた「法の普遍的法則」が事実成り立つことはきわめて難しいであろうが、成り立つ「べきである」から成り立つことが「できる」と主張しているのである。

カントは、哲学者として誠実に本書を書いていると言えよう。そして、「序文」に続く本論においては、カントは手の裏を返したように実定法のような無味乾燥な論述を進めている。すなわち、第一章においては六つの「予備条項」を、第二章においては三つの「確定条項」と、そして二つの「追加条項」を掲げている。それぞれの具体的内容は、政治学者あるいは政治哲学者の興味を引くであろうが、私の関心からは逸れるので、ここではまるごと割愛させていただきたい。

第二章のあとに、長々とした「付録」がありカントは、「道徳と政治との間の不一致」について論じている。その結論は、まさに『純粋理性批判』の「序文」にも対応する批判哲学の根幹をなす思想である。

〔前略〕永遠平和は、これまでは誤ってかく名づけられた講和条約締結（これは実は休戦）の後に来るものであるが、決して空虚な理念ではなくして課題であり、これは

徐々に解決されて目標に絶えず近づいて行く課題である〔後略〕。（『カント全集』第一三巻、二七九ページ）

なお、ここでぜひとも付け加えておきたいが、一七五八年一月から一七六三年三月まで（カント三四歳から三九歳まで）、ロシアがケーニヒスベルクを占領したが、ガウゼによると「彼〔カント〕は同僚と同じようにロシア女帝に忠誠を誓い、一七五八年一二月一二日に教授職の志願書を、当時の慣習であった献身を示すきまり文句をすべて添えて、ロシア女帝に提出した」（『カントとケーニヒスベルク』、六七ページ）のである。さらに「カントはロシアの将校たちと偏見をもたずにつき合ったし、彼らのために城砦術に関する個人的な講義も行なったりした」（同書、六八ページ）。さらに、カントが（現在では間違いであることが判明しているが）自分の家系はスコットランドに由来すると信じていたことも想い出される。すなわち、カントにとって「世界市民」とはきわめて高遠な理想なのではなく、国家意識や民族意識が希薄であったがゆえに、比較的受け容れやすい理想だったのである。

『哲学における永遠平和論』の真意

閑話休題。カントは、『永遠平和論』刊行の翌年（一七九六年）に『哲学における永遠平和条約の近い締結の告示』(『哲学における永遠平和論』)という「不思議な響き」の書を書いた。まことに真意がわかりにくいこの書物を「解読」するには、字面の裏にあるカントの心持ちを忖度しなければならない。まず大前提であるが、カントには批判哲学が完全な真理であり、それ以外の哲学の可能性を視野に入れていないということである。

三批判書を刊行した後、予想通り注目されたと同時に思いがけないほどの誤解や批判の嵐に晒されて、カントは、かたくなに自分の立場を守ろうとする態度を鍛え上げていった。そして、三批判書ではないが、「宗教批判」という意味ではその集大成とも言うべき『宗教論』において——シェークスピアの戯曲のように(?)——劇的に官憲に屈したのである。カントの痛手は大きかったが、彼はますます自分の立場の正しさを確信するようになった。

『哲学における永遠平和論』は、こうした文脈のもとに、すなわち、彼自身の批判哲学に対するゆるぎない確信と現実におけるはなはだしい無理解というギャップを視野に入れて読まねばならない。同書でカントが引用するケストナーの詩の断片は印象的である。

永遠に戦争は避けられ、
賢者のことばに　ひとびとは従う、

そのとき　すべての人間は平和を得る、
哲学者たちだけはそうではない。（『カント全集』第一三巻、二八八〜二八九ページ）

四八歳のゲーテはこの著作を読んで、感動したといわれるが、彼がカントの真意をとらえているかどうかは疑問である。「哲学者たちだけ」が平和を得られないのは、すべての哲学者は、カントの批判哲学が絶対的に勝利を得るまでは平和を得られない、という意味なのだ。

独断論（例えばヴォルフ学派のそれ）は眠り込むためのしとねであり、すべての活気づけの終末であるが、この活気づけこそは哲学の善き行いである。（同書、二八六ページ）

この箇所も、哲学者たる者は「眠り込むためのしとね」を避けて、死ぬまで思索し戦い続けねばならない、という抽象的意味ではなく、批判哲学は敵との戦いのために死ぬまでみずからを活気づけねばならない、という意味である。そして、次の一見感動的な文章も愛知＝真理を死の瞬間までめざす（プラトン描くところの）ソクラテスのような理想的哲学者像を表しているのではない。

〔前略〕自身の本来の（数学的）部門のみならず他の多くの部門においても傑出し、活動的であり、老いてますます盛んなる年齢に輝く人物が哲学者たちには名声に甘んじてのんびりと休んでいる平和を完全に否認するならば、われわれはこの発言を凶報の使者のお告げとしてではなく、祝詞として解釈しなくてはならないが、なぜなら、そのような平和は人間の力を弱めるだけであり、人間性の究極目的に向って絶えず活気づける手段として哲学を意図したことにある自然の目的をただ空しいものとするだけであろうからであ〔中略〕る〔後略〕。（同書、二八八ページ）

このもって回った言葉遣いを正確に（カントの意図通りに）解釈するのはかなり難しいであろう。一見すると、カントは、「哲学者たち」に対して、その人生の終わりに至るまで「名声に甘んじてのんびりと休んでいる平和を完全に否認」しいつまでもストイックに真理を目指すべきだ、と提唱しているように見えるが、そうではなく、すべての哲学者は批判哲学の勝利のために戦うという使命を担っているのだから休む暇などない、という意味なのである。

批判哲学の勝利宣言

なお、第一章の標題は「近い永遠平和のための楽しい展望」であり、第二章の標題は、これに反して「哲学における近い永遠平和への疑わしい展望」であることから、カント自身、哲学に関する永遠平和について二重の見地をもっていることがわかる。とりわけ、第二章における次の箇所は注目すべきである。

われらの反批判的哲学者はこの段階〔道徳のア・プリオリな形式的原理〕を飛び越え、あるいはむしろこれを完全に否認し、したがって彼は〔中略〕〔これ〕を完全に誤解し、原則を経験的な諸条件に制限してしまっ〔た〕〔後略〕のである。（同書、二九四ページ）

「反批判的哲学者」は、最も重要な「道徳のア・プリオリな形式的原理」を無視するのであるから、カントにとってまともに扱う相手ではないのである。

〔彼らにおいては〕純然たる知識の欠如、おそらくはまた揚げ足とりへの或る悪しき性癖がこの攻撃を生み出すことができたのであるが、それにも拘らずこの攻撃は

哲学における永遠平和の告知
を取りこわすことができない。けだし平和の連盟が、ひとびとが相互に了解し合えすればまた直ちに（降伏条約なしに）締結せられるような性質のものであれば、この連盟はすでに結ばれている、少なくとも締結に近づいていると告知せられることのできるものである。（同書、二九五ページ）

こうして、カントによれば、人間は純粋に理性的に考えれば、かならず批判哲学に収斂するというかたちで永遠平和に達するはずであるが、現実的には理性的に行動するとは限らないので、批判哲学が勝利となるような永遠平和はなかなか達成できない、という図式になる。しかし、（これがカントの理性主義的展望であるが）批判哲学を攻撃する相手が「純然たる知識の欠如」に基づいていることは確かなのだから、「〔平和の〕連盟はすでに結ばれている、少なくとも締結に近づいていると告知せられることのできるものである」と言えるのだ。

ここまでは、素直な（？）解読であるが、前節のはじめに私が本書を「不思議な響き」と形容したのは、次の理由による。すなわち、そのとりわけまどろっこしい表現の裏に、諸々の反批判哲学者たちなどの敵対者に加えて、いやその中心をなすものとして、国王の勅令によって自分を誹謗した「プロイセンの官憲」に対する批判哲学の、すなわちカント自身の勝利宣言を読み取ることができるように思われるからである。

ここで、カントの視点から他の哲学者に視点を移して、およそ哲学者同士のあいだに「永遠平和」が可能かどうかを考えてみよう。すると、直ちに不可能であることがわかる。それは、フィヒテとの確執を見てもわかる通りであり、フィヒテも「人間は純粋に理性的に考えれば、かならず知識学に収斂するというかたちで永遠平和に達するはずである」と信じていたし、ヘーゲルもシェリングも同じである。

こうした尊大な態度は哲学の全歴史に見られるが、とくに一八〇〇年前後のドイツ哲学界で目に付くのは、彼らが「知の全体系」を根底から築くことを目指しているからである。しかも体系は一つしかないのであるから、それぞれの哲学者が互いに完全には相容れないものになるのは当然と言えよう。

「哲学の死」

カントは『哲学における永遠平和論』の刊行と同年の一七九六年、「ベルリン月報」五月号に「哲学における最近の尊大な語調」という論文を掲載する。本論は、『哲学における永遠平和論』の主張とぴったり重なり合い、自分が認識を「可能なる経験（感性界）」に限定するべきだとしたのに、依然として感性界を超えて認識しようとする、野望に溢れた学説が頻出しているドイツ哲学界の現状に対するカントの怒りが籠められている。

〔前略〕そして自分でも理解していないし他人に伝達することもできぬ理念を自分で考えていることの中に、隠された哲学（philosophia arcani）を措定し、詩的才能はそこで感情や享楽に耽溺する自分のための栄養を見いだすのである。このことはむろん勤労によって所有権を得ようとする理性の法則よりもはるかに誘惑的であり輝かしいものである。――しかしその場合才能の貧しい人や嬌慢な人が、尊大な語調で哲学を語るという笑うべき現象が生ずるのである。（『カント全集』第一二巻、一九九ページ）

「才能の貧しい人や嬌慢な人」であって尊大な語調で哲学を語る人々は、当時カントの周辺に掃いて捨てるほどいたが、ここでカントが主なる論敵としているのはJ・G・シュロッサーである。彼は前年（一七九五年）、『シラクサの国家改革に関するプラトンの書簡ならびに歴史的な手引きと注』を刊行し、この中で哲学とはプラトンのように超感性的イデアを所有することだとしたが、もちろんカントはこれに大反対であった。カントからすれば、理性的になりさえすれば、たちまち批判哲学の正しさがわかるはずなのに、彼らがなぜわからないのか、不思議であったに違いない。そして、カントの唯一理解できる結論は、彼らは「感情や享楽に耽溺する」からだ、ということになる。こういう超能力に酔いしれている思いあがった姿勢が「尊大な語調」を産むのである。

しかし哲学者でありたいと望む人びとが尊大に振舞うということは、彼らに対してけっして見過ごされることはできない。というのは彼らは自分たちをその仲間よりも高いものであると考え、そして仲間たちのもっている単なる理性の事柄における自由や平等という奪うことのできぬ権利を傷つけているからである。（『カント全集』第一二巻、二〇〇ページ）

哲学には超能力が必要であるとする人びとは、同時にそういう超能力をもたない人びとを軽蔑することにもなるであろう。このあたり、カントの哲学観・人間観が如実に出ている。哲学をするには、特別の「深い」あるいは「高い」能力などまったく必要ではなく、普通の悟性（常識）こそ貴重なのであり、誰でも順を追って丁寧に理論的に説明されればわかることこそが真理なのである。そして、次の文章は、古い（あるいは紋切り型の）哲学観にとらわれている人にとっては衝撃的であろう。

〔前略〕それゆえもし課題が超越的なものであり対象自身のどんな認識へも導くことはできぬような場合には、必然的に認識の代用物、つまり超自然的な伝達（神秘的解明）を約束しなければならなくなるからである。こうなると、それはすべての哲学の死なのである。（同書、二〇六ページ）

哲学に超能力を必要とすると考えることは、「哲学の死」なのだ。そして、これはどうにか五〇年間哲学に携わってきた私の哲学観でもある。哲学は難しい。哲学的問いを解くこと以前に問いを問いとして把握することさえ、難しい。哲学の才能の持ち主はきわめて少ないのである。それは、きわめて抽象的な思考力や鋭い直観力の持ち主が少ないからではない。権威や教育や因習や習慣を一切取り外して、物事を「素直に」見ることができる人が圧倒的に少ないからである。まさにカントはそう言いたいに違いない。

理性信仰の告白

しかし、少なくとも批判哲学を守ろうとするその「語調」に関しては、カントもかなりの程度「尊大」であると言わざるをえない。

ちなみに、次章で考察する『人倫の形而上学』の「まえがき」にも同じ「尊大な語調」が見られる。

　批判哲学の成立以前には全く何らの哲学もまだ存在しなかったと主張することは、高慢にもうぬぼれにも聞こえ、また、従来の体系をまだ脱却し切っていない人びとにとってはそしりとも聞こえるだろう。〔中略〕しかし、にもかかわらず、客観的にみるならば、ただ一つの人間理性があるだけなのであるから、たとえ人びとが或る同一の命題をめぐってどれほど多様な仕方で、またしばしば相互背反的な仕方で哲学してきたにしても、多数の哲学が存在するはずはなく、言いかえれば、原理から発する哲学の真の体系はただ一つしかありえないだろう。（『世界の名著32　カント』、三二七ページ）

まさに、典型的な「理性信仰」の告白であり、この自信が、先に見たように『哲学における永遠平和論』は批判哲学が勝利する仕方で約束されている、という自信に繋がっている。これに続いて、同じことをカントは次のように辛辣に語っている。

しかし、シャフツベリの主張するように、冷笑に耐え切るということが、或る学説

〔とくに実践的学説〕の真理性を証明する上で軽視することのできない試金石だとすれば、おそらくやがては批判哲学者に「最後に笑う者は最もよく笑う」順番がまわってくるであろう。そのときこそ、長いあいだ大言壮語していた連中のお粗末な体系は次々と崩壊し、その追随者たちのすべては路頭に迷うことであろう。これがかの者たちに免れようもなくさし迫っている運命なのである。（同書、三三〇ページ）

ちなみに、『人倫の形而上学』を刊行した二年後の一七九九年にカントがフィヒテの知識学に対する最終的な拒絶の「声明」を発したにもかかわらず（いや、だからこそ？）、フィヒテはみずからの知識学を発展させ続け、その二年後にやはり「尊大な語調」で（一八〇一年の）『知識学』を締めくくっている。

知識学を広めようとする努力は、それ自身永遠にして不滅なる目的の営みである。なぜなら理性と、理性のひとたび獲得された、理性の自己自身への明瞭な洞察は永遠だからである。〔中略〕知識学は今日か明日かに、この人か彼の人かによって理解されるという意図をもってではなく、――なぜならその場合には確かに或る利己的な目的が欲せられるだろうから、――むしろ知識学は、それがまさに現に存在せんがために、私心なしに時の流れに投げ込まれるのである。そこにおいてなしうる者は、知識学を把握し、理解するがいい、知識学を把握しない者はそれを歪曲し、侮辱するがいい。このようなことは、知識学を捉え、また知識学によって捉えられた者にとっては、何ものでもないものとして、どうでもよいことであるべきであり、また確かにどうでもよいことである。（『フィヒテ全集』第一二巻、四九五～四九六ページ）

どうであろうか？　あらためて二人の哲学者のあいだに「意見の一致」はありえないと考えたくなるであろう。フィヒテやカントによって尊大と決めつけられた哲学者たちも、そしてカント自身もまた尊大であろう。そして、こうした理性信仰をせせら笑う現代の分析哲学者たちやポストモダンを標榜する反理性主義者たちも、これらすべてを脱却しているかに見える（広義の）相対主義者たちも、またみずからの立場に固執する限り、尊大なのである。

「哲学を教えることはできない」

哲学を続けるには、何らかの仕方で自分の見解が（さしあたり）絶対正しいという信念をもたずにはやっていけないことも事実である。では、哲学的真理とは何なのか？　それは、やはり普遍的で客観的な真理であるように思われる。しかも、それは、科学的真理のように、一定の方法に従って検証されるわけではない。あくまでも哲学する当人の確信に支えられている真理である。

ここでたちまち、それでは哲学する人の数だけ真理があるではないか、と反論するのは、単純かつ軽薄である。「哲学する人の数」すなわち、哲学する主体の存在ですら前提されてはならないのであるから。デカルトに逆らって、「私」という存在すら確保されないかもしれないのだ。一度は、こうした絶対懐疑に叩きつけられて、それでもなお普遍的で客観的な真理を見捨てない者、カントの言葉を使えば、それに到達することを少なくとも「課題にしている」者だけが哲学することができる。

こういう観点から、「哲学を教えることはできない。哲学することを教えることができるだけである」というカントの有名な言葉を吟味してみるに、さまざまな哲学説を理解させることはでき、そのうち「どれが気に入ったか」を選択させることさえできるが、このすべては「哲学」ではないから、そのことによって哲学を教えることは「できない」。そうではなく、本物の哲学者はみずから哲学する態度を示すことによってのみ、「哲学すること」を教えることができるのみなのだ。

（何度もいろいろなところに書いたが）私が二〇歳のとき、法学部を捨てて教養学部教養学科

（科学史科学哲学分科）の大森荘蔵先生の門を叩き哲学の世界に入ったが、なぜこのような無謀なことができたかというと、はじめて先生に会ったとき、私が悲壮な思いで自分が何を考えているかを告げると、じっと聞いていた先生は、最後に「あなたは哲学病です。それでいいんです」と言ってくれたからである。その一八年後（三八歳）ウィーン大学で博士号を取得し、さらにそれから三五年後（七三歳）の現在に至るまで、何度も転倒し身体中傷だらけになりながらも、どうにか哲学を続けてこられたのは、このときの「自信」によるのである。

そして、みんな尊大なまま死ぬ

閑話休題。カントとフィヒテのあいだのような激しい対立は、いまでも哲学者どうしのあいだで頻繁に見られ、多少とも哲学界に籍を置いた人は、カントやフィヒテほどの自信家こそ少ないものの（としても皆無ではない）、直ちに哲学における永遠平和は不可能だという直感が身体を貫くであろう。

しかも、現代哲学者のほとんどが哲学研究者であるから、彼らのあいだには独特の肌合いの激闘が繰り広げられる。それは、プラトン、アリストテレス研究からフッサール、ハイデガーさらにはヴィトゲンシュタイン研究にまで及ぶのであるが、その闘いの構図は同じであって「自分が最もカントを知っている」という若きフィヒテタイプの学者同士の闘争と言っていい。よって、この世界では相手をやり込める仕方も決まっていて、ほとんどが「あなたは、カントのこの文章を誤解している、あなたは、この文章におけるカントの真意がわかってはいない」という類の（さもしい？）闘争となる。

　こうした世界にずっと身を置いていると、およそ四〇代のころまでは、それぞれの哲学（研究）者は成長期であって、他の哲学（研究）者の意見もほどよく聞き、適度にそれを採り入れ、彼らとのあいだに友好関係を築くことも可能である（よって、哲学仲間は若いうちにつくらねばならない）。

　しかし、五〇代に入り自分の哲学（研究）のコアがしっかりと形成されてくるとともに、他の哲学（研究）者の意見を原理的に拒絶するようになる、あるいは、無関心になる。よい仕事を続けている同僚をそれなりに尊敬するが、誰の仕事に対しても真の意味でシンパシーを抱くことはない。むしろ、なぜ他の哲学（研究）者たちは自分と異なる意見をもちうるのだろうかと不思議な気分になるが、同時に、たとえ議論しても相手が一ミリたりとも意見を変えないこともわかっているので、あらゆる議論が空しく思われてくるのである。

　大方の哲学（研究）者たちは、このころから、仲間の哲学（研究）者たちは、自分がどんなに鋭い批判をしても、場合によっては足腰立たなくなるほど痛めつけても、絶対に自説（あるいは自分の信奉している哲学者の説）を変えないことを、苦い思いとともに体験するであろう。ある哲学（研究）者が、たまたま自説を変えるとしたら、「うち」からのみ、自分がかつての自分の見解が正しくないことに気づくときのみである。

なぜ、こうなるのか？　なぜ、哲学の闘争は、とくに諸実証科学のように論争に決着がつかないのか？　答えは比較的簡単であり、諸実証科学においては事実の真偽を検証する方法に関する共通了解が成立しているのに対して、哲学にはこの共通了解が基本的に成立していないからである。しかし、さらに根本的な理由がある。哲学論争には、哲学（研究）者の「実感」さらには「好み」が大幅に作用しているからなのだ。「世界全体は観念である」というカント（超越論的観念論）の主張の賛同者と反対者の相違は、たぶん世界に対する実感の相違なのであろう。あるいは、同じことであるが、「現象」という言葉に盛り込む意味の相違なのであろう。賛同者は、いくつかの前提なしには、超越論的観念論の主張の正しさを論証できないのだが、反対者はまさにその前提が呑み込めないので、しきりにそこを突く。しかし、じつのところ、反対者には、「世界全体は観念である」という文章が実感をもって迫ってこないのであり、あるいは世界についてのそういう語り方が「嫌い」なのである。

私の経験にそって具体的に言いなおしてみると、私は「現在しか存在しない、未来も過去も存在しない」という文章が真であることに実感をもって賛同できるのだが、そういう実感をもたない哲学（研究）者のほうが多いし、さらに、物理学にも常識にも反するそういう偏屈な世界観が「嫌い」な哲学（研究）者も少なくない。

こうして、ほとんどすべての哲学（研究）者は、あるとき（あるいはじわじわと）哲学論争の虚しさを痛感して、自分の城に立てこもり、自分の「実感」と「好み」に適った哲学理論を構築することに勤しむようになる。こうして、さまざまなレベルで尊大になったまま、老境を迎えその思考を停止する。そして、虚しいことに、自説にしがみつきながらも、じつはそれにはほんの少数の人しか賛同しないことを知りつつ、納得しない気持ちを抱いたまま、やがて死ぬのである。いや、さらにさらに虚しいことに、少なからぬ哲学（研究）者は、自分の成し遂げた乏しい成果を前に、「自分なりにやり遂げた」と自分に言い聞かせて、自己欺瞞にまみれた満足感に酔いしれたまま、やがて死ぬのである。

第五章　法と道徳——『人倫の形而上学』

いた。

「批判」と「形而上学」

すでに述べたように、カントは、『宗教論』の刊行に伴う筆禍事件から三年後の一七九七年に『人倫の形而上学』を刊行した。また、『自然の形而上学』は、その全体ではないが、すでに一七八六年にその序章としての『自然科学の形而上学的原理』を刊行していた。

では、あらためて「批判」と「形而上学」との違い、および相互の関係は何であろうか？　アリストテレスにおいて、形而上学は一般形而上学と特殊形而上学に区分され、前者は存在論（Ontologie）であり、後者は、神学・宇宙論・魂論であった。しかし、カントの場合、（少なくとも表面上）一般形而上学＝存在論ではなく、特殊形而上学が自然の形而上学と人倫の形而上学とに分かれている。なお、形而上学は存在論であることをカントの視野に置きなおすと形而上学は「実在性」に関わる学となる。すなわち、自然という理論的実在性と道徳という実践的実在性に関わる学である。だが、じつのところ、こう簡単にはまとめられず、さらに込み入った事情があるのだが、テーマからは逸れるので、ここまでにしておく。

想い起こせば、カントは、それまでの一一年間の沈黙を破って五七歳（一七八一年）にしてようやく『純粋理性批判』（第一版）を刊行したが、「超越論的観念論」の基本構図がまったく理解されず、バークリー流の（主観的）観念とみなされた。そこでカントは『プロレゴメナ』（一七八三年）で抗弁し、さらに第二版で大幅な書きかえを試みた。

この書きかえが思いがけない分量に膨らんだので切り離すことにし、こうして一七八七年に『純粋理性批判』第二版が、そして一七八八年に『実践理性批判』が刊行されることになった。その後、周囲では批判哲学には「美学」がないではないかという声が飛び交ったので、カントは一七九〇年に『判断力批判』を刊行した。そのとき、すでにカントは六六歳になっていた。

だが、これでようやく形而上学に取りかかれると思っていた矢先に、すでに述べた「フィヒテ事件」が勃発し、カントはみずからの『宗教論』を刊行したが、それが官憲の目に触れ、勅令により咎めを受けた。カント七〇歳のときに生じた事件であって、遅まきながら順調に地位を築いてきたカントにとって、まさに大きな痛手であった。

そして、こうした騒乱を潜り抜けようやくにして、『人倫の形而上学』第一部「法論の形而上学的基礎論」を刊行したとき（一七九七年一月）、カントはすでに七二歳に達していた。同じ年の八月に、第二部「徳論の形而上学的基礎論」が刊行された。同年の一一月に国王がフリードリッヒ・ヴィルヘルム二世から、フリードリッヒ・ヴィルヘルム三世に替わり、新国王のもとでカントの罪状は正式にかつ最終的に解かれた。

その形而上学であるが、ショーペンハウアーのように、「老衰」という一語で片付けるのには抵抗があるものの、明らかに思考力の低下が見られる。先に述べたように、（前章で触れた）『宗教論』の刊行（一七九三年）から『人倫の形而上学』刊行の前後にかけて、『永遠平和論』（一七九五年）や（次章で触れる）『学部の争い』（一七九八年）という意欲に満ちた力強い書が刊行されている。それに比較して、カントがライフワークとしていた本書は、意外なほど無味乾燥なのである。

これに関して、一つの仮説が提示できるであろう。『宗教論』に伴う思わぬ筆禍事件は、カントの深いところに達して、それにきちんと対処することこそ大問題となり、それは人倫の形而上学の執筆というライフワーク以上の重みをもって彼の頭脳を占領していたのではないか？　というのも、筆禍事件の影響が見られる『永遠平和論』も『学部の争い』も、きわめて闘争的で辛辣な言葉に充ちているからである。これは『人倫の形而上学』の実定法のように乾ききった砂を嚙むような文章とは対照的である。何より、『人倫の形而上学』には――『純粋理性批判』や『実践理性批判』にはたっぷりあるのだが――カントにとって生涯の課題であるという情熱や気概が感じられない。内容はけっして希薄ではないが、杓子定規で息が詰まるような文章がえんえんと続いているのである。

法とは何か——法論の形而上学的基礎論

「法論の形而上学的基礎論」において、カントはまず「法」とは何かについての正確な定義を提示する。

〔前略〕法とは、或る人の意思が他人の意思と自由の普遍的法則に従って調和させられうるための諸条件の総体である。(『世界の名著32　カント』、三五四ページ)

これに従って、「法の普遍的な法則」とは次のように限定されている定言命法である。

〔前略〕汝の意思の自由な行使が普遍的法則に従って何びとの自由とも両立しうるような仕方で外的に行為せよ〔後略〕。(同書、三五五ページ)

カントにとって法とは「直接的に、全汎的な相互的強制と万人各自の自由との結合の可能性」(同書、三五六ページ)なのであって、この可能性は、各自が、他人の強制によらずに、自分自身の強制によって行為することをもって実現される。この場合の自由とはすなわち自己強制であって、言いかえれば自由の積極的規定である「自律」にほかならない。

カントが「法の普遍的法則」の名のもとに具体的に考えているのは、所有権という物権と契約によって発生する債権の絶対性である。すなわち、理性的である限り、各人は他人の所有権を侵害してはならず、他人との契約を履行する義務を有する。これをカントは疑っていなかった。

ここに、道徳的観点と法的観点が分かれてくる。まず、これを道徳的観点から見ると、自分自身に対する完全義務に分類され、その動機は他人の所有権を侵害すべきではないゆえに、ないし契約を履行すべきであるゆえに、という「法に対する尊敬」という動機になろう。次に、法的観点から見てみると、その行為は外形的に適法的であればよく、内面的な道徳性は問われない。その動機が、「他人のものを盗むと逮捕されるから、契約を履行しないと信用を落とすから」という（広義の）幸福でもいいことになるのだ。

道徳との大きな違いはもう一点ある。所有権侵害の禁止、あるいは契約履行義務が法的義務として成立するためには、自分がそれを遵守するのみならず、他の人間が私の所有権を侵害しようとするとき、あるいは私との契約に違反するとき、私にはそれに対抗する措置が与えられているのでなければならない。そして、その対抗措置は、自然状態ではなく法的状態であるなら、ナマの対抗措置ではなく法的対抗措置でなければならない。

所有権の起源

そのあとで、「所有権の起源」をめぐる議論がえんえんと続くのだが、これこそ本書においてカントが最も力を入れているテーマである。当時、ヨーロッパ大陸諸国で実定法が整備されてくるとともに、新大陸における土地の所有権などをめぐって、所有権の起源に関する議論がポピュラーであった。新たな土地に対して、誰にいかにして所有権を帰属させることができるのか？　大きく分けて、①自分の土地であると宣言することによって、と、②耕作するなどしてその土地に投与する労働によって、という二つの説があったが、カントはこうした「事実による取得」を拒否し、独自の視点から回答を与えようとしていた。

すなわち、カントは事実上の「占有」を現象とし、それと区別される権利としての「所有」を物自体として峻別し、権利の発生はいかなる事実からも生じえないとした。カントにおいては、「神」や「叡智界」というような、われわれの認識を超えるもの以上に、法的概念としての「権利」が「物自体」という概念に一つの基本的意味を与えているのである。

カントは、占有を「感性的占有」ないし「物理的占有」、そして所有を「可想的占有」

ないし「純粋に法的な占有」と言いかえている。カントにとっては、「外的な或るものを自分のものとしてもつことは自己矛盾である」（同書、三七〇ページ）のだ。そして、以上のことが、「根源的獲得」という概念と密接に連関して、一つの整合的な思想を形成している。

現代法でもなお有効であるが、個人はいかにして人格権や相続権などを獲得するのであろうか？　それは、ある個人Aが胎児として受精卵から生育し生まれるという事実には帰されえない。Aは生まれることを条件にして、「別のところから」権利を獲得するのでなければならない。そして「別のところ」とは理性である。Aに理性がどのように「注入される」のかはわからない。しかし、Aは人間として生まれることをもって、理性的存在者の一員とみなされるのだ。そして、その特殊例がAに帰されるさまざまな権利である。

例えば、Aはある特定の有機体Sを父として生まれることを条件にして、Sの相続権を獲得するのである。そして、Sの相続権は、Aが死産であったとき、または生まれてから後死んだとき、それ以外のB、C、Dにも一定の条件を充たせば譲渡可能（獲得可能）である。

以上の考察から強調したいことは、カントがとりわけ『実践理性批判』以来、実践的実在性を理論的実在性から峻別し、ある意味で前批判期の感性界と可想界という二世界論を復活させた当のものは、抽象的な「べし」のあり方というより、むしろこうした「法的権利」のあり方だということである。

カントは、所有権のほかに債権や物権的債権についても議論しているが、ここではことごとく割愛させてもらいたい。

死刑の肯定

私法から公法に移行すると、まず注目すべきは、死刑制度のあまりにもはっきりした肯定である。そして、その根拠はとても単純である。

> ただ同害報復の法理〔ius talionis〕だけが、ただしその際〔汝の私的判断におけるそれでなく〕裁判法廷におけるそれが意味されていることはもちろんであるが、刑罰の質と量とを確定的に定めることができる。(同書、四七四ページ)

だから、謀殺を実行し、あるいは命令し、あるいは協働した殺人者たちは、その全員が死刑に処せられなければならない。このことは、ア・プリオリに確立された普遍的法則に従っての司法権の理念という意味における正義が要請するところである。

（同書、四七七ページ）

次の例は比較的有名であるが、カントの思想をよく表している。

公民的社会が全成員の合意によって解散する〔中略〕といった場合にも、その前にあらかじめ、牢獄につながれた最後の殺人犯人が死刑に処せられ、こうすることによって各人にその所業にふさわしいものが報いられ〔中略〕なければならない〔後略〕。（同書、四七六ページ）

「公民的社会が全成員の合意によって解散する」という場合があるのかどうかわからないが、殺人犯人に対する死刑は、「ア・プリオリに確立された普遍的法則」であるから、こうなるのである。以上とはやや異なる思想なのだが、さらにカントは、王権奪還を試みた者たちに対して、次のように言う。

最高裁判所が、各人は死刑か手押車労役刑かのいずれかを自由に選ぶべし、という判決を言い渡したと仮定する。そうした場合、名誉心のある者は死刑を選ぶのに反し、

無頼の徒は手押車を選ぶにちがいない。それが人間的心情の本性からする当然の結果である。（同書、四七六ページ）

自殺は完全義務違反

こうして、一方で、死刑を肯定しながら、他方で、自殺を完全義務違反とするのが、カントが生涯貫いた立場である。しかし、自殺の禁止は数々の境界例を考えるとき問題を含んでいないこともない。カントは「倫理学講義」においてこれを論じ、次のように語っている。

己の生命を守るために敵前から逃げ去り、戦友たちを見捨ててしまう者は、卑怯者である。しかし己と己の戦友たちを死に至るまで防衛する者は、自殺者ではなく、気高い高潔な心の持主と考えられる。（『カントの倫理学講義』、一九二ページ）

この直後にカントは「〔生命は〕それ自身のために尊重されるのではない。むしろ私は、生きるに値する限りにおいてのみ、私の生命を保持するように努めねばならない」（同上）と語っている、さらに「世界には生命よりもはるかに重要なものが、たくさんある。道徳性の遵奉は、生命の保存よりはるかに重要である」（同書、一九四ページ）とも言っている。
他に「真実を語ること」もまた生命の保存よりはるかに重要なものであり、よって第二章で挙げたように、アン・ブーリンへの誣告に対して、沈黙していることは「転倒」なのであり、根本悪なのである。

では、第二次世界大戦のときに沖縄戦で、アメリカ兵が上陸し、男たちは皆殺され女たちは強姦されるという噂の立ったとき、多くの住民は自決し（させられ）、女たちは、「ばんざい！」と叫んで断崖から海に身を投げて死んだ。これらも、自殺であり許されないのか？　とすると、敵に殺されるのを待つのか？　カントは答えている。一例として、古代ローマにおいて、ルクレツィアが夫の遠征中に陵辱を受けそうになって自殺したという故事に対して、カントは批判的見解を披露する。

> かりに彼女が、己の操をあくまで守ろうとして激しく抵抗し、そのために殺されたのだとすれば、その方がむしろよかったのである。そうすれば彼女の行為は正しかったのであり、決して自殺とはならないだろう。（同書、一九一〜一九二ページ）

しかし、カントは事態の残酷さをよく見ていない、「己の操をあくまで守ろうとして激しく抵抗し、そのために殺され」ずに、強姦されることもあるのだ。カントの論点ははっきりしている。先に言ったように、そして他のところでも言っているように「生命はそれ自身において、またそれ自身としては、われわれに委託された、またわれわれが配慮しなければならぬ最高善ではない」（同書、一九八ページ）のである。生命をはるかに超える価値をカントは総じて「内面的価値」あるいは「人格」と呼んでいる（同上）。よって「内面的価値」をもつ人は、「卑劣な行為をするよりは、むしろ己の生命を犠牲にするだろう」（同上）。すなわち「一般に死すべきときには、断じて死が期待されねばならない」（同書、一九九ページ）のである。

以上の考察により、カントにおいて死刑の肯定と自殺の禁止とは整合的に理解できる。生命は最高の価値ではないから、それ以上の価値（内面的価値＝道徳的価値）のために生命を犠牲にすることは正当化され、それ以下の価値（不幸の回避、幸福の増大）のために生命を奪うことは禁止されるのだ。

よって、正当な裁判によって死刑判決を受けた者は、それを逃れてはならず、戦争で死の危険が迫っていても逃亡してはならず、陵辱されそうになったときは全身で抵抗して殺されることに甘んじねばならない。しかし、自殺は、難病のために、借金の返済ができないために、失恋のために、自分の才能に絶望したゆえに等々、結局のところその動機は不幸を逃れたい（より幸福になりたい）という低い価値に基づいているゆえに、許されないのである。

「嘘をつくべきではない」という義務――徳論の形而上学的基礎論

以上で、『人倫の形而上学』の第一部「法論の形而上学的基礎論」の考察を（不十分ながら）終え、第二部「徳論の形而上学的基礎論」に移ってみるに、まず気づくことは、「法論の形而上学的基礎論」よりずっと思考のヴォルテージが下がっていることである。まして、『実践理性批判』と比べると、無残なほど文章が弛緩している。それにしてもふつふつと湧き上がる疑問は、なぜカントほどの人が自分の哲学の最高目標にしていた「道徳の形而上学」を、こういう定型的な言葉の羅列から成るかたちで刊行してしまったのか、ということである。その中で、きわだって注目すべきテーマは「嘘をつくべきではない」という義務に関してであろう。

内容の検討に入る前にカントにおける「義務」という概念について総括しておく。義務には完全義務と不完全義務がある。前者は法的義務とも呼びかえられ、契約の履行のように、それをなすことは当然であり、それをなさないと罰せられる義務である。そして、後者は、徳的行為とも呼びかえられ、他人に親切にするように、それをなすと賞賛されるが、それをなさなくても罰せられない行為である。そして、それぞれが、自己自身に対する義務と他人に対する義務とに分けられる。よって、義務は①自分自身に対する（内的）完全義務、②他人に対する（外的）完全義務、③自分自身に対する（内的）不完全義務、④他人に対する（外的）不完全義務という四種類に分けられる。

この分類にそって「嘘をつくべきではない」という義務について検討してみるに、カントは著作に応じて微妙に見解を転換させている。一七八五年の『人倫の形而上学の基礎づけ』では、完全義務の実例として、カントは自殺をしないことだけを挙げ、「嘘をつかないこと」を挙げていない。しかし、その註では次のように言っている。

とにかく私はここでは完全な義務とは、傾向性のために何ら例外をゆるさない義務と解する。そうすると私は単に外的な完全義務のみならず、また内的な完全義務をもつのであるが、このことは諸学校で採用されている言葉の使用法に反する。しかし私はここでその弁明をしようとは思っていない。（『カント全集』第七巻、六四ページ）

つまり、カントは「嘘をつくべきではない」義務を「諸学校で採用されている言葉の使用法に反」して、「内的な完全義務」に分類しているのである。これは、それから一二年後（一七九七年）に刊行された『人倫の形而上学』においても維持されている。そこでカントは「第一巻　自分自身に対する完全義務について」のうち「第二章　道徳的存在者としてだけみられた、人間の自分自身に対する義務」に「I　嘘について」という項目を設けている。ちなみに、自殺については「第一章　動物的存在者としての人間の自分自身に対する義務」の第一項に分類されている。

まとめてみると、自分自身に対する完全義務は「動物的存在者としての人間」の場合と「道徳的存在者としての人間」の場合に区別され、前者の事例としては、一、自殺しないこと、二、情欲的自己冒瀆に耽らないこと、三、不節制による自己麻痺に陥らないことが、そして、後者の事例としては、一、嘘をつかないこと、二、貪欲に陥らないこと、三、卑屈にならないことが、挙げられている。この問題含みの諸事例をいちいち考察することは本書の課題ではなく、ただ『人倫の形而上学』において「嘘」が不徳のうちどこに位置するかを大まかに示すために挙げたにすぎない。

「I　嘘について」では、とりわけ斬新な理論構成は見られないが、嘘に対するカントの語調が、すさまじいまでに過激であることが印象的である。

嘘は自己の人間としての尊厳を放棄することであ〔る〕〔後略〕。自分が他人に〔たとえそれが単に観念の上だけでの人格であっても〕言うことを、自分で信じていない人は、彼が単なる物件であるにすぎぬ場合より、まだ少ない価値しかもたない。（『世界の名著32　カント』、五八八ページ）

「単に観念の上だけでの人格」とは民主的な国家とか共同体であり、「単なる物件であるにすぎぬ場合」とは、幼児とか重度の精神障害者のような責任能力の欠如した者の場合であろう。

〔前略〕自分の考えを言葉を通して誰かに伝達する〔中略〕人がその際考えているのとは〔わざと〕反対のことを含んでいるとすると、そういう伝達（をする人――訳者補充）は〔中略〕自分の人格性を放棄（する人――訳者補充）であり、いつわって人間のようなみかけをしているだけで、人間そのものではないのである。（同上）

「人間のようなみかけをしているだけで、人間そのものではない」とは、よくぞ言ってくれたものである。

以上、『人倫の形而上学』における「嘘をつくべきではない」義務について考察してきたが、同年（一七九七年）に、『人間愛からならうそをついてもよいという誤った権利に関して』（以後、慣例に従って『嘘論文』と呼ぶことにする）という小論文が刊行される。そして――驚くべきことに――カントは本論において「嘘をつくべきではない」という義務を、完全義務であるとしても、自己自身に対する（内的）完全義務であると同時に、他人に対する（外的）完全義務とみなしているのである。

『人倫の形而上学』における見解と『嘘論文』における見解とは、一見して相反するが、このことをいかに解したらよいであろうか？　結論だけ先取りして述べれば、両者のあいだには見えにくい細い綱が張り渡されていて、それを手放さなければ、両者の見解を整合的に把握することができる。その検討に入る前に、まず本論の成立をめぐるかなり異様な事態について言及しなければならない。

（いわゆる）『嘘論文』

『嘘論文』は、フランスのベンジャミン・コンスタンがある雑誌の中の「政治的反動について」において次のように書いていることに触発されて書いたものである。

　真実を言うことは義務であるという道徳的原則は、もしこれを無条件に、またそれだけ切り放して取り上げるような場合には、あらゆる社会を不可能にするであろう。この証明を、われわれは、ドイツの一哲学者がこの原則から引き出した、きわめて直接的な帰結の中にもっている。彼は次のようにまで主張している。すなわち、われわれの友人を人殺しが追いかけてきて、友人が家の中に逃げ込まなかったかとわれわれに尋ねた場合、この人殺しにうそをつくことは罪であろう、と。(『カント全集』第一六巻、二二七ページ)

興味深いことに、カントはここに記されている「ドイツの一哲学者」を自分だと思い込んだのだが、じつはカントはそれまで(公的には)このような人殺しに追われる友人の具体的な例に基づいて発言をしていない、というのがこれまでの研究成果である。思うに、カントがいかに嘘について研究を重ねてきたとしても、またこの具体例は、当時よく使われていたらしいのだが、それを加えたとしても、カントが、この具体例も含めて自分自身がかつて主張したと思い込んでいた、とは驚くべきことであろう。当時(七三歳)カントの記憶力が相当に減退していたことは確かだが、それにしてもこうまで軽率な勘違いは異様である。

とすると、その背景に何かありそうである。ここからは純粋な想像なのであるが、カントは、『宗教論』の勅令による咎めを受けての、今後一切の宗教に関する（講義や著書などにおける）公的発言の自粛により、さらにはいたるところで湧き上がる批判哲学への反論や訂正……という状況によって、「被害妄想」に近い状態に陥っていたのではないだろうか。

カントは本論文において、コンスタンに正面から反論し、こういう極端な場合でも嘘をつくべきではないという見解を貫徹したかった。こうした目的のもとに、「嘘をつくべきではない」という義務を自分自身に対する（内的）義務であるという固有の見解を変更することなく、同時に、他人に対する（外的）義務でもあると言える根拠を探究した。そして、個々の他人に対する不正に代わってかなり強引に（?）「人間性一般に対する不正」という概念を導入したのである。こうして、「嘘」は、自分自身を害すると同時に「人間性一般に対する不正」を犯すゆえに、「嘘をつくべきではない」すなわち「真実を語るべきである」という義務は、内的（すなわち徳的）完全義務であると同時に外的（すなわち法的）完全義務でもあるわけである。

なお、カントにとって、完全義務同士の衝突（義務の衝突）はなく、完全義務と不完全義務とのあいだに衝突が起こるときは、いつも完全義務が優先される。他人に対する不完全義務は他人に親切にすること（すなわち他人の幸福を促進すること）であるから、しばしば他人に真実を語るべきであるという完全義務と他人の幸福を促進するべきであるという不完全義務とが対立する。先の事例では、友人と悪漢という二人の「他人」が登場するが、悪漢にとっては友人の居場所を知ることが幸福であり、友人にとっては自分の居場所を悪漢に知られないことが幸福である。しかし、いずれにせよ、私は二人の幸福より真実を優先すべきであるから、嘘をついてはならないことになるわけである。

ここで、やや詳細な概念史に入る。以下、谷田信一氏の優れた論文「カントの実質的義務論の枠組みと「嘘」の問題」(『現代カント研究　2　批判的形而上学とはなにか』晃洋書房、所収)が大いに参考になった。

当時「嘘をつくべきではない」義務は、「いかなる場合でも」成り立つ義務であるという見解と、「他人を害する場合のみ」成り立つという見解に分かれていた。前者がアウグスチヌス以来のいわば西洋哲学における伝統的見解であり、後者は当時(一八世紀)のヴォルフ学派の見解であった。そして、カントは前者をとったわけである。

この区別にそって、完全義務と不完全義務とのあいだの衝突について考えてみよう。もしヴォルフ学派のように、「嘘をつくべきではない」という完全義務を「他人を害する嘘をつくべきではない」に限定すると、この完全義務は「他人の幸福を促進するべきである」という他人に対する不完全義務と衝突することはなくなる、むしろ、それは他人に対する不完全義務にいわば呑み込まれてしまう。そして、カントは、そうあってはならないことを知っていたように思われる。

「偽言」と「虚偽」

しかし、カントは嘘についてさらに微妙な領域に分け入って考察している。一九二四年に学生の講義ノートをもとにメンツァーによって編纂された「倫理学講義」の第二章第三八節には、きわめて微妙な事例にそって嘘をめぐるカントの繊細な思索が集大成されている。まず「偽言（falsiloquium）」と「虚偽（mendacium）」の違いについて見てみよう。

> 己の心情を打ち明けたいと言明しておきながらそれを打ち明けず、虚偽の陳述をすることは、偽言（falsiloquium）、すなわち不誠実である。（『カントの倫理学講義』、二九〇ページ）

他人が、私の真実を悪用する心情をもっているために、私がその他人に己の心情を隠蔽することを意図し、また彼も私が心情を隠蔽するのを予測し得る場合には、私は偽言をもなすことができる。例えば、敵が私の首に襲いかかり、金はどこにあるかときく場合、彼はその真実を悪用しようとしているのだから、私は真実を隠蔽することができる。そうすることは決して虚偽（mendacium）ではない。というのは、彼は私が真実を語るのを留保するだろうことを知っており、また私に真実を要求する権利を全くもたないからである。（同書、二九〇〜二九一ページ）

以上の二つの引用箇所における主張を、『嘘論文』における「悪漢が私の友人を殺そうとして私に彼の居所を聞く」という事例に適用するとどうなるだろうか？　私が「彼はここにいない」と答えることは、たしかに（外形的には）「偽言」であるが、敵は「その真実を悪用しようとしているのだから」――『嘘論文』の結論とは異なって――（非難されるべき）「虚偽」ではない、ということになりそうである。

窮余の嘘

カントは「倫理学講義」において、さらに、ほぼ同じような事例を挙げて次のように語る。

例えば、私が金銭をもっていることを知っている人が、私に「君は金を持ちあわせているか」と問うとしよう。私が沈黙していれば、彼は私が金をもっていると推断するだろう。私が「はい」と言えば彼はそれを取り去るだろう。「いいえ」と言えば私は嘘をつくことになる。この場合私はどうすべきであろうか。私が暴力によって白状を強要され、私の供述は不当に使用され、また沈黙によっても自分を安全にし得ないとすれば、この限りにおいては嘘は自衛手段である。（同書、二九二〜二九三ページ）

『嘘論文』に比べて、きわめて穏当な見解であろう。しかし、じつはこの見解も『嘘論文』における過激な見解とそう見えるほど異なるものではない。というのも、以上の文章に続いて、カントは次のように言うからである。

したがって相手に言明を強制され、しかも彼がこれを不当に使用しようとしていることが確信される場合以外には、窮余の嘘は許されるべきではない。（同書、二九三ページ）

この少し前にも、カントは次のように語って「窮余の嘘」を安直に容認する見解に対して警告を発している。

もしすべての人が善なる心情を具えていれば、嘘をつかないことは単に義務であるのみならず、何人も嘘をつかないようになるだろう。〔中略〕しかし現実には人間は悪意をもっているから、真実を厳格に遵奉することによって、しばしば危険にさらされることは否定し得ない事実である。それだから一般に窮余の嘘（Notlüge）という概念が受け入れられたのであるが、これは道徳哲学者にとっては非常に危険な論点である。〔中略〕やむを得ず盗み、殺し、また欺くことが許されるならば、危急の場合には全道徳性が腐敗することになろう。危急の場合とはどんな場合をさすのであろうか。危急の場合と見なすか否かは、各人の判断次第である。（同書、二九二ページ）

カントの良識が冴え渡っている文章である。「窮余の嘘」を認めてもよいが、それは往々にして拡大解釈されて嘘を弁護する側に回り、「全道徳性が腐敗すること」になるのである。

また、自分の幸福のために嘘をつくことはエゴイズムとして非難されるが、他人の幸福のために（とくに生命を救うために）、嘘をつくことは許されるようにも思われる。これは「善意の嘘」と呼ばれる。これについても、同じ理屈が成り立ち、それを容認したとたんに拡大解釈されて、アレもコレも「善意の嘘」ということになってしまうであろう。

善良のお追従

『人倫の形而上学』には、次のような言葉もある。

> 単なる軽率(かるはずみ)とか気立てよささえも、嘘の原因となることがあるし、そればかりか、本当に善い目的でさえ、嘘を通して意図されることもありうるのである。しかしそうはいってもやはり、そういう仕方でこの目的を追求することは、単なる形式によっても、自分の人格に対する人間の犯罪であり、人間を自分自身の眼でみて侮蔑すべきものとせずにはおかぬ卑劣な仕口である。（『世界の名著32　カント』、五八八〜五八九ページ）

とはいえ、嘘が許される場合もある。それは、慣習的な社交辞令であって、手紙の末尾に「あなたの僕」と書くような場合。これは、送る側も受け取る側も、その言葉を文字通り信じることはないから、有害ではないとカントは考えるのだが、こうした社交辞令にも慣例度が高くて文字通りの意味が希薄な場合とそうでない場合がある。「倫理学講義」でカントは次のように言う。

お追従は必ずしも虚偽ではないが、自重の欠如である。それは何かを得るために、己の価値を他人のそれ以下におき、他人の価値を高めることをためらわない。しかし善良な心胸からお追従することもできる。善良な心の持主は、己が高く評価している人びとにお追従する。したがってお追従には善良なものと、偽善的なものとがある。前者は優柔であるに対し、後者は卑劣である。お追従しない人は、お追従する人の欠点に気づくのである。(『カントの倫理学講義』、二九四ページ)

きわめて鋭い見解であるが、私は「善良なお追従」を認めたくない。とりわけ日本社会においてお追従は、「相手を高め自分を低める」という基本的な倫理観によって蔓延しやすい。私は絶対に「お追従しない人」であって、容易に「お追従する人の欠点に気づく」のであり、すべてのお追従は寒気がするほど嫌なのである。

第六章　宗教に対する態度――『学部の争い』

復讐の書？

まず単純な疑問が湧き上がる。なぜカントは残されたすべての力を形而上学の完成に使うべきこの時期に、『学部の争い』という奇妙なタイトルの本を書いたのであろうか？この本は、勅令としてカントに非難声明を発したフリードリッヒ・ヴィルヘルム二世が没して、新国王フリードリッヒ・ヴィルヘルム三世が即位した翌年（一七九八年）に刊行されている。そして、まさに、カントがこの『学部の争い』で問題にしている主要テーマは、哲学部に属する教授（すなわちカント自身）のあるべき姿なのである。

以上のことから総合的に判断して、本書は官憲（プロイセン政府）に対する「復讐の書」とも言えるのではないだろうか？

「序文」においてかつての勅令とそれに対する自分の弁明をそのまま公表し、さらに「本文」では（神学部ではなく）哲学部の教授としての自分の立場を明確にしていることなどを考えると、『学部の争い』によってカントが自分を非難した前国王下のプロイセン政府に宣戦布告をしたと解してても無理はないようである。

上級学部と下級学部

『学部の争い』は、体裁上は神学部・法学部・医学部という上級学部と哲学部という下級学部との対立という構成になっているが、じつのところ本来のテーマは、内容の半分以上を占める神学部と哲学部との対立、いやむしろ政府と哲学部の対立と見ていいであろう。
まず、カントは自分が属している哲学部の特異な位置とその重要性を強調する。

学問共同体のために是非とも大学に〔神学部、法学部、医学部以外に〕もう一つ別の学部が存在しなくてはならぬのであり、この学部はそれみずからの学説に関して政府の命令から独立しており、他に命令を与えるべきではないけれども、しかしすべての命令を判定する自由を具えており、〔中略〕しかし理性なるものはその本性に従って自由であり、或るものを真理と思え（etwas für wahr zu haten）というどんな命令をも採用しないからである。（『カント全集』第一三巻、三二〇〜三二一ページ）

「或るものを真理と思えというどんな命令をも採用しない」という表現からして、すでに挑戦的である。国王の名においてカントの『宗教論』を咎めたプロイセン政府は、不遜にも「その本性に従って自由である理性」に対して「或るものを真理と思え」という命令を下したのだ！

三上級学部〔神学部、法学部、医学部〕に関しては哲学部はこれらの学部を制御し、まさに制御することによってこれらにとって有用となることに役立つのであるが、なぜなら（学識一般の本質的かつ第一義的条件としての）真理こそが肝要であるが、上級学部が政府のために約束する有用性は第二級の契機にすぎないからである。（同書、三三一ページ）

哲学部は、政府がその本来の本質的な意図に反して行動しない限り、政府によって禁止令を課せられえないのであり、上級学部は哲学部が公けに提示する異議と疑問を是認せざるをえないのであ〔る〕〔後略〕。（同書、三三二ページ）

その歯に衣を着せぬもの言いに戸惑いさえ覚えるが、これもかの筆禍事件を抜きにしては考えられない。すなわち、プロイセン政府が、神学部に属する教授ならともかく、哲学部に属する自分を、宗教的な内容に関して干渉し非難したのは間違いだという声明である。

なお、念のために解説しておくと、「哲学部は、政府がその本来の本質的な意図に反して行動しない限り、政府によって禁止令を課せられえない」とは、「哲学部は、政府によって禁止令を課せられえず、もし禁止されるとすれば、政府がその本来の本質的な意図に反して行動することになる」という意味である。さらに注目すべき箇所を挙げると、カントは、哲学部においては「真理こそが肝要である」が、上級学部（神学部）においては、真理より「政府のために約束する有用性」が大事である、と言い切っている。真理のほうが有用性より重要であることは言うまでもない。

こうして、カントは先の（第二章で見た）国王の勅令に対する返信とはくるりと態度を変えている。しかも、本書の「序文」でその返信を公開し、その返信における文言「国王陛下のきわめて忠良なる臣民として」のあとに＊を付して「私はこの表現をも慎重に選んだのであるが、これは私がこの宗教審理における私の判断の自由をいつまでも断念するのではなく、ただ皇帝陛下（ママ）が生存している限りは断念するためであった」として、「国王陛下」とは、先の国王フリードリッヒ・ヴィルヘルム二世個人を意味するのであって、プロイセン国王一般ではない、という文章まで添えている。

しかも、この書が先の国王フリードリッヒ・ヴィルヘルム二世が亡くなった翌年に出版されたということも算入してみると、プロイセン政府を手玉にとったようなカントのしたたかな復讐心が露出している。本書に収録されている論文も一時検閲を通過しなかったが、それにしても最終的にこれが刊行されたこと自体、不思議な気がする。

カントの「復讐」はこれに留まらない。

〔前略〕おそらくいつの日にか次のような状態に到達しうるであろう、すなわち、後のものが先のもの（下級学部が上級学部）となることであり、しかもかくなるのは〔中略〕権力を所有するもの（政府）に忠告することによってであ〔る〕〔後略〕。（同書、三四二ページ）

カントは、将来は、「後のものが先のもの（下級学部が上級学部）となる」だろう、そして堂々と「政府に忠告する」ことになるだろう、とさえ言っている。なぜなら、先に触れたように、哲学部においては「真理こそが肝要である」が、上級学部（神学部）においては、真理より「政府のために約束する有用性」が大事だからである。そして、当然のことながら、真理のほうが有用性より優先されるべきなのであるから、哲学部こそ唯一の上級学部になるわけである。

理性宗教と哲学部

では、具体的に神学部と哲学部は、いかにして（キリスト教の）宗教教育に携わるべきか？　カントのキリスト教に対する基本論点は、ずっと揺らぐことがない。キリスト教は理性的な部分と非理性的な部分に分かれる。前者は実践理性によって解明される部分であり、すなわち道徳の及ぶ限りにおいて基礎づけられる「理性宗教」であり、後者はキリスト教の歴史に由来する非理性的な「啓示」を主とする神学である。

〔前略〕聖書 - 神学的学部は、まるでそのような歴史的なものの信仰が宗教に本質的に所属しているかのように見なすのと同じ程度に強く、そのようなものを神的啓示として主張するのである。哲学部はしかし宗教信仰と歴史信仰とのこの混同、および聖書神学部が本来的な宗教を越え出てもなお真実なものとして聖書に含まれていると説いているものに関して、聖書神学部を反論する〔後略〕。（同書、三四六ページ）

この引用箇所にはっきり現れているように、神学部は「歴史信仰」を有用性の観点からのみ容認していいが、これを「真である」と主張したら、哲学部はこれに「反論する」ことができるのだ（その逆はできない）。カントはここで（つい口を滑らせて？）理性宗教を「本来的な宗教」と言ってしまっているが、これはホンネであろう。すなわち、啓示宗教は

「宗教に本質的に所属している」のではないところの非理性的な啓示を主とする非本来的な宗教なのである。

そして、まさにこれこそが『宗教論』の主張にほかならなかったのであるが、カントは国王から咎められると、（先に見たように）「自然的〔理性〕宗教の評価のみを含んでいる」と弁解し、「若干の聖書の節を宗教の或る種の純粋な理性説の確証のために引用したことがこの種の誤解をひき起すことになったのかもしれない」と弁解した。

このカントの反応（当時からかなりの批判があった）をどう見るかは解釈の問題であるが、そこに護身の姿勢が潜んでいることは否定できないであろう。『実践理性批判』から『宗教論』を経て『学部の争い』に至るカントの宗教に関する基本思想は明らかであり、実践理性によって認識されるところまでが本来的な宗教であって、それを超える歴史的な啓示宗教の部分は、ただ有用性から容認されるだけの非本来的な宗教なのである。

キリスト教の教義に立ち向かう

こうした観点から、あらためて『宗教論』と、それを咎める勅令に対するカントの弁明書を見比べてみると、好意的に見るとぎりぎり辻褄が合っているかもしれない。すなわち、タイトルが示すように、カントは「たんなる理性の限界内における」キリスト教を論じたのであって、それを超えた「歴史信仰」には有用性の観点から言及しているにすぎない。しかし、まさに「歴史信仰」を有用性に限定して論じていることそのことが、伝統的なキリスト教の解釈に反するのだ。しかも、カントは「歴史信仰」をそのまま受け継ぐのではなく、（『旧約聖書』における数々の超自然的現象はともかく）『新約聖書』におけるイエスの起こした数々の奇跡も、疑いなく現になかった（その意味で真ではない）とみなしている。

国王が代替わりし、いったん窮地を脱したカントは、『学部の争い』においては勇ましくも（?）キリスト教の基本教義に反する見解を堂々と公開している。それは、プロイセン政府に対するあらためての宣戦布告という態度を感じさせるほどである。あえて精神病理学的な視点からこういうカントの内面を探ると、彼の大いなる苛立ちには、自分自身が勅令に心ならずも譲歩してしまった（嘘ぎりぎりのことを語ってしまった）という自分自身に対する苛立ちも、かなりの程度混入しているのかもしれない。

キリスト教の教義に正面から立ち向かう文章のいくつかを挙げてみよう。まず、神の世界創造に正面から反する次の文章は「すごい！」ものである。

> 人間自身は根源的にすべての彼の表象と概念との創造者であり、すべての彼の行為の唯一の創始者であるべきである。（同書、三九二ページ）

そして、啓示より理性のほうが優位に立つというカントの基本的見解は、『旧約聖書』におけるアブラハム＝イサク伝説（キリスト教における「信仰」の核心的意味をなす物語）において際立ってくる。

まことに、もしも神が人間に現実に語りかけることがあるとしても、人間は自分に語りかけたものが神であることを決して知ることができない。（同書、三八三ページ）

このことの例として、アブラハムが神の命令によって彼のひとり子を〔中略〕殺し燔祭に捧げることによって〔中略〕実行しようとした犠牲の神話が役立つかもしれない。アブラハムはおそらくこの自称の神の声に次のように答えざるをえなかったであろう、「私が私の善良な息子を殺すべきではないことは全く確かにありますが、私にいま現象している貴殿が神であることについては私は確かではなく、またこれからも確かになりえないでしょう」と、たとえその声が（目に見える）天の上の方から響いてきたとしても、彼はこう答えざるをえなかったであろう。（同上）

ここまで「合理的（理性的）」であるのかと、思わず笑い出したくもなるが、カントのホンネなのであろう。ここに代表されるようなカントの本音からして、『たんなる理性の限界内における宗教』という標題の書は、検閲を配慮してさまざまな工夫を凝らしたことを算入すると、やはり、「たんなる理性の限界内」におけるキリスト教を論じているのではなく、キリスト教は「たんなる理性の限界内」に留まるべきだということを論じている、とみなすほかあるまい。

理性の公的な使用と私的な使用

注目すべきことだが、本書の後半に至って——唐突とも言えるのだが——哲学者のあるべき姿を説いている箇所がある。そして、これは一七九三年の筆禍事件よりずっと前（一七八四年）の著作である『啓蒙とは何か？　この問いの答え』（以下『啓蒙とは何か』と略する）にすでに現れているテーマである。そこで、カントは、「理性の公的な（öffentlich）使用」と「理性の私的な（privat）使用」とを分けているが、この区別はむしろ常識と正反対であることに注目しなければならない。

ここで私の言うところの自己自身の理性の公的な使用とは、或る人が学者として読者界の全公衆を前にして彼自身の理性についてなす使用を意味している。私の言う私的使用とは、或る人が彼に委託されている市民的地位あるいは公職において彼の理性についてなすことを許されている使用のことである。（同書、四一～四二ページ）

すなわち、「理性の公的な使用」とは、個人としてのカントの立場であり、「理性の私的な使用」とはケーニヒスベルク大学教授としてのカントの立場である。カントは、「理性の私的な使用」に関してさらに明確に次のように語っている。

ところで公共体の利害関係に主として関わる多くの用務のためには、或る種の機制（メカニズム）が必要であり、この機制を介して公共体の若干の構成員は単に受動的に行動しなくてはならないが、これは彼らを政府によって人為的な一致を通して公的な諸目的に適合させるためであり、あるいは少なくともこれらの目的の破壊から遠ざけておくためである。ここではむろん論議することは許されておらず、ただ服従するほかはない。（同書、四二ページ）

これは職業（国立大学の教授）に限定された立場であるから、制限されているという意味で「私的な」理性使用なのである。この立場では「単に受動的に行動しなくてはならない」とか「論議することは許されておらず、ただ服従するほかはない」という表現は、やや驚きであるが。これに対して「理性の公的な使用」については次のようである。

しかしこのような機構(マシーン)のこの受動的部分である者が自己を同時に全共同体の構成員、それどころか世界市民社会の構成員と見なし、したがって本来の意味での公衆に著作を通して語りかける学者の資格のある者として見なすならば、彼はもちろん論議して差し支えないのであり、このことによって彼が受動的構成員として部分的に任ぜられている用務が傷つけられることはない。(同上)

この立場は世界市民＝人間一般としての立場にほかならないのであるから、いかなる哲学者もみずからの理性以外の何ものにも拘束されないのであり、「もちろん論議して差し支えない」のであり、このことによって大学教授としての「用務が傷つけられることはない」のだ。

ここで、カントが「公的・私的」という対概念を通常の使用法を逆転して使っている意図を考えてみるに、やはり人間理性の普遍性に対する信仰(理性信仰)に基づいているのであろう、人間理性の普遍性に比べれば、いかなる国家理性（という名の何ものか）も限定された私的なものにすぎないのだ。結果論であるが、一人の人間としての大学教授が現実にこの明確な二分法を貫けるのか否かに関しては、疑問が残るとも言えよう。これから九年後に書いた『宗教論』は、カントにとっては「理性の公的な使用」であったはずであるのに、プロイセン国王（政府）に咎められてしまい、そのとき、この二分法はいかなる現実的な効力も発揮できなかったのであり、その意味で単なる「理念」にすぎなかったと言えるかもしれない。

哲学の世界概念と学校概念

『啓蒙とは何か』（一七八四年）における「理性の公的な使用」と「理性の私的な使用」との対立は、さらに遡って、『純粋理性批判』（一七八一年）の「超越論的方法論」における哲学の「学校概念」と「世界概念」という対立を想い起こさせるであろう。哲学の「学校概念」とは、「知識の体系的統一以上の何ものかを、したがって認識の論理的完全性以上の何ものかを目的としてもつことのない認識の体系」（『カント全集』第六巻、一二六ページ）である。これに対して、哲学の「世界概念」とは、「すべての認識と人間的理性の本質的な諸目的（teleologia rationis humanae）との連関についての学」（同書、一二七ページ）である。

ケーニヒスベルク大学（『カント』理想社より）

そして、カントは前者に携わる哲学者を「理性の技術者（Techniker）」、後者に携わる哲学者を「理性の立法者（Gesetzgeber）」と呼ぶ。

このうち「学校概念」についてはいいであろう。大学の哲学科において講義を聴き、議論をし、論文を書き、それを発表し……そしてやがてみずからも講義をし、論文や著書を書き……という哲学科の学生ないし教授の営みにそった哲学概念である。こういう人種はオックスフォード大学やパリ大学、ハイデルベルク大学などにずっと前から存在していた。彼らはアリストテレスやトマス＝アクィナスの研究者であって、まさにその著書の読解の「技術者」である。こうした人種は、いまでも哲学者の大部分を成していると言ってよい。

しかし「世界概念」は、「すべての認識と人間的理性の本質的な諸目的との連関についての学」というカントの大げさな言葉とともに、ややもすると大学という枠にとらわれない世界級の哲学者のものである、と解釈されてしまうかもしれない。それは、完全な誤解ではないが、ここで注意しなければならないのは、「世界」と訳された„Welt"というドイツ語は、崇高で広範な意味のみならず、現実の世界、すなわち「世間」とか「世俗」という意味をまとっていることである。とくに„weltlich"が„heilig"という言葉とともに使われるときは、後者が「聖なる」すなわち「教会のうち」という意味であるのに対して、「教会のそと」つまり「世俗の」という意味である。ここでカントは„Welt"を„Schule"(学校)との対比で使っているのであるから、それは「教会＝学校」に対する「世俗＝世間」という意味だと考えるのが自然であろう。

すなわち、哲学の「世界概念」とは、二〇〇〇年来の権威にがんじがらめになった大学のそとに出て、みずからの理性だけを頼りに思考するということである。この意味の「世界」とはまさに「世界市民」における「世界」という概念とぴったり一致するであろう。

思い返してみれば、『方法序説』に書いてあるとおり、デカルトも、当時のスコラ哲学でがんじがらめになった大学を出て「世界という大きな書物」(『方法序説』、一七ページ)を読み解くために旅に出たのであった。まさに、哲学の「学校概念」から抜け出して哲学の

「世界概念」にそって生きようと志したことにほかならない。

大学に属しながら哲学すること

さて、以上の(一七八一年〜一七八四年の)カントの見解を一四年後の『学部の争い』(一七九八年)における哲学部と神学部との対立と比較してみよう。『純粋理性批判』や『啓蒙とは何か』においては、カントは学者(大学教授)としての立場と私人としての立場をかなり割り切って区別していた。しかし、『学部の争い』においては、これが一変し、下級学部である哲学部に所属する哲学者は、個人としてのみならず教授としても、「論議して差し支えない」ことになるのである。この大きな変化も、『宗教論』の刊行に伴う痛手が生んだものと考えられよう。

なお、当時の大学の講義に使用する教科書は、バウムガルテンやヴォルフなど検定を受けた国定のものに限られていた。「理性の公的な使用」の産物である『純粋理性批判』において開かれた新たな境地から見ると、「批判」を経ていない古びたものなのだが、カントはそれらを使用して講義すること(「理性の私的な使用」)に、さして違和感を覚えなかったようである。読者諸賢は、カントが大学の講義において『純粋理性批判』や『実践理性批判』をテキストとして使ったわけではないことを銘記しておいてもらいたい。また、カントの講義は、教科書に反するわけではないが、教科書を離れた自由闊達なものであって、単なる「教科書の解説家＝理性の技術者」でなかったことは「倫理学講義」などからも明らかである。

こうして、カントは「理性の公的な使用」と「理性の私的な使用」あるいは「学校概念としての哲学」と「世界概念としての哲学」とを区別しつつ、そのあいだを巧みに渡りつづけた観があるが、大学に属しながら哲学することは、常にカントにとって問いつづけ反省しつづけなければならない問題であったのであろう。そう考えると、大学に所属して哲学をすることに何の疑問も感じていない（らしい）多くの現代日本の哲学（研究）者たちに、大いなる課題を提起したい。

第七章　地上のあらゆるものへの興味
——『人間学』『自然地理学』

カントの秀逸な女性論

『学部の争い』が刊行された同じ年（一七九八年）に、長く続いたカントの講義『実用的見地における人間学』（『人間学』）が出版されたが、これがカント自身の手による最後の著作である。「人間学」の講義は、カントが四八歳のとき（一七七二年）に始まった。『純粋理性批判』刊行までなお九年を待たねばならない。そして、この講義は、カント七二歳のとき（一七九六年）まで続いた。

タイトルの「人間学」に「実用的（pragmatisch）」という限定がついているのは、事実学を意味するが、人間学をア・プリオリな規範学である倫理学から区別するためである。そして、カントは倫理学に属する著書には、『実践理性批判』のように「実践的（praktisch）」という言葉を使っている。

当時の大学では、講義は、専門の大学生のための講義と、一般市民相手の通俗講義との二種類に分かれていて、前者は数人からせいぜい十数人の学生が参加し（少ないときは、カント邸で行なわれた）、後者は一般市民にも開放されていて、三〇人から八〇人に及ぶ聴講者がいた。

先に述べたように、前者の講義は無味乾燥で退屈であったようだが、後者の講義においいてカントは生き生きと諧謔を駆使して話したようである。それは、三批判書や『宗教論』とはまったく色合いの異なる『人間学』を読んでみればわかることである。広範なテーマにわたって、まさにヴォルテールやラ・ロシュフコー顔負けのモラリストの目をもって、奇怪きわまりない「人間」を分析している。とりわけ秀逸なのが、その女性論である。カントは一度も結婚せず、独身の私講師のころからケーニヒスベルクの社交界に出入りしていたが、女性たちとの「恋愛沙汰」は考えられる限り希薄であった。そして、ケーニヒスベルクに住んでいた三人の妹たちともほぼ絶交していた。だが、不思議なことに、あたかも濃厚な体験に基づくかのように生き生きと女性を論ずるのである。

講義をするカント、1773年（グリガ『カント　その生涯と思想』より）

男性は心を探られ易いが女性はその秘密を洩らさない。もっとも女性の場合（彼女がおしゃべりであるために）他人の秘密は容易に守られないが。（『カント全集』第一四巻、二九一ページ）

男性は恋しているとき嫉妬深い。婦人は恋していなくとも嫉妬ぶかい（同書、二九七ページ）

とくに若い男性についてその結婚する以前の道徳的性質を探索することは、決して妻の手に負える問題ではない。彼女は男性を改善しうると信じている。理性的な婦人は不品行の男性をもきっと正すことができるというが、そうした判断において女性はおおむね最もいたましい仕方で欺かれるのである。（同書、二九九ページ）

男性は家庭の平和を愛し、自分の仕事が妨害されないように、よろこんで女性の支配に従う。女性は家庭の争いをさけない。その争いを彼女は舌で行ない、自然もこれがために、男性の武装を解除させるようなおしゃべりや、情緒ゆたかな能弁を与えたのである。（同書、二九一ページ）

こうした通俗講義には女性たちも多く集まっていたというから、彼女たちは反感を覚えながらも、まさに図星であるカントの指摘に対して、顔を歪めて笑ったことであろう。次の文章はまさに「太古からの真理」を語るものではないだろうか？

「世間の言うことが真理で、世間のすることが善だ」というのが女性の原則である〔後略〕。（同書、二九七ページ）

このあとで、「ソクラテスの妻も、おそらくはヨブの妻も、そのしっかりした夫たちのために困らせられた」（同書、二九八ページ）と続くのであるから、その辛口には「聖域」がない。西洋思想史において最も尊敬される英雄たちも、彼らの妻たちの目には「意地っぱり」としか映らない。妻の視点から崇高な理念に燃える男たちを引き摺り下ろすという「悪趣味」こそ、カントの人間を見る目であったのである。

なお、こうした通俗的な講義は、大いに聴講者たちに「受けた」という。これらの生き生きした文面から、活気に満ちた講義風景が目に浮かぶ。ときには、教室内に爆笑が渦巻いたことであろうし、あちこちから笑い声が絶えなかったことであろう。そんなとき、カントはどんな顔つきをしていたのであろう？　まじめ腐って教室にみなぎる笑いを眺めていたのか、それとも自分もニヤッと笑ったのか（私にはカントの笑い顔がなかなか思い描けないのであるが）？

芸術家は美学理論を学ばないほうがよい

世の多くの哲学者・美学者や芸術家は勘違いしているように思うが、「人間学遺稿」にある次の文章も掛け値なしの「真理」を語るものである。

　みずから美しい作品を生み出すことのできるひとは、それについて哲学することなどしないで、作品一本に打ち込んだ方がよい。哲学することなどは、思想家にまかせておけ。（同書、四四六ページ）

実際、私はいままで（真の意味で）哲学的な画家や音楽家に会ったことがない。カント自身、『判断力批判』ほどの優れた美学書を書きながら、音楽や絵画や彫刻などの美術作品に対してはほとんど興味を示さない。ラテン語の詩を除いた文学作品にも関心が薄いと言っていいであろう。オットフリート・ヘッフェも引用しているが、ショーペンハウアーは次のように言っている。

　どう見ても［カントは］美に対する感受性をほとんどもっていず、それに加えてすぐれた芸術作品を見る機会をおそらくもたなかった。（『イマヌエル・カント』、二八四ペ

ージ）

また、ガウゼも、ずばり次のように言っている。

カントは美意識をもたない人間であった。この哲学者は芸術の中に合法則性を求めたが、それを情意をもって実感することはなかった。彼にとっては芸術はせいぜい気ばらしにすぎず、人生を美しくし豊かにする価値をもたなかった。（『カントとケーニヒスベルク』、六一ページ）

世の人びとは、ミケランジェロやレンブラントやフェルメールのような天才的画家・彫刻家、あるいはバッハやモーツァルトのような天才的な音楽家は、哲学者に近いと思っているかもしれないが、じつはまったく違う。それればかりか、セザンヌやピカソやクレーのように造形や色彩を探究し尽くした者も、それだけでは哲学的ではない。ゴッホやベートーベンのようにどんなに創造の苦痛に喘いだとしても、それだけでは哲学的ではない。

哲学とは、「言語」という特定の手段によって成り立っているからであり、哲学者とは言語（あるいは言語と世界との関係）に対する独特の信念をもっているからである。それは、

「世界とは言語によって構築されている幻想かもしれない、いや、そうでもないかもしれない」という疑いに、あるいは「言語が真実を正しく表現しているのか、そうでないのか」という問いに、寝ても醒めても神経症的にとらわれている人種のことだからである。だから、系統的には、同じ言語を扱う詩人・作家・文学者が哲学者にいちばん近いのであるが、「いったい世界はあるのか」という存在論にコミットしない者は哲学者ではないとすると、ほとんどの詩人・作家・文学者は哲学者ではないことになる。

ここでちょっとわき道に逸れると、私は近所の絵画教室で油絵を三〇年間習って、上野の公募展（東京展）に出品するまでになったが、画家たちとの付き合いを通じて、あらためて痛感する。すなわち、一方で、『判断力批判』を理解できる哲学者や美学者は、「みずから美しい作品を生み出すこと」はできないであろうし、他方で、「みずから美しい作品を生み出すこと」ができる画家は『判断力批判』のような美学理論を理解できないだろう、ということである（私は哲学も油絵もいいかげんだから、例外的に「できる」のではあるが？）。

「馬鹿」の分類

カントは「馬鹿」を分類する場合も、じつに正確である。まず「馬鹿（Tor）」と「阿呆（Narr）」の区別であるが、ドイツ語の語感はともかく、前者はやや好意的意味の場合、後者は否定的響きの場合と考えてもらいたい。

馬鹿 Tor とは、自分の何の価値ももたぬ目的のために、価値をもつ事物を犠牲にするような人間のことである。たとえば、家庭の幸福を家の外での栄耀のために犠牲にする人間のようなものである。(『カント全集』第一四巻、一五六ページ)

カントの事例は意外に思われるかもしれないが、かえってこの事例からカントが考えている馬鹿の典型例がわかる。それは、真剣に物事に打ち込んでいる者は誰でも、それに価値を認めない者から見れば馬鹿なのだということである。ソクラテスも、赤穂浪士も馬鹿なのであり、パウロも大塩平八郎も馬鹿なのである。しかし、これが(後の「阿呆」と比べて)絶対的否定ではないことに注意しなければならない。日本語でも「馬鹿正直」とか「馬鹿丁寧」という表現があったり、あるいは「うちの馬鹿息子は」とか、「あんた、馬鹿ね」という言い方にも呼応していて、底にほのかな愛情が隠れている。しかし、こうした愛情がまるでないのが「阿呆」という言葉である。

馬鹿であってそれが侮蔑をともなう場合は阿呆といわれる。〔中略〕阿呆な女という言葉が婦人連に対して使われても、これほどの〔高慢な男たちに対するほどの〕きびしい意味は持っていない。というのは、男性は婦人たちの空虚な僭越によって、侮蔑をこうむりうるなどとは信じていないからである。それゆえ阿呆はもっぱら男性の高慢という概念と結びついているように思われる。（同書、一五六～一五七ページ）

この部分も、先ほどの想定を裏書きするものであろう。阿呆な女はいるにはいるが、男にとってその「空虚な僭越」は、むしろけなげで可愛くもあるから、男は阿呆な女の言動によって「侮蔑をこうむりうる」ことはないのである。さらに、カントは阿呆を探究するのであるが、とくに秀逸なのは、「浮かれた奴（Laffen）」と「イカれた奴（Gecken）」の区別である。これも、ドイツ語の語感を忘れて読んでみてもわかる（訳者の努力に敬意を表する）。

人間を浮かれた奴 Laffen とかイカれた奴 Gecken とか呼ぶのも、彼らが阿呆で利口でないという概念を根拠としている。前者は若年の阿呆であり、後者は年とった阿呆である。両者とも悪漢や詐欺師に誘惑されるが、その場合に前者はまだしも同情をよぶけれども、後者はひどい嘲笑をまねく。ある機知に富んだドイツ人の哲学者で詩人でもあるひとが、〔中略〕つぎの一つの例によって解明した。すなわち彼によれば、「前者はパリに出かけてゆく若年のドイツ人で、後者はちょうどパリから帰ったばかりの同じドイツ人だ」と。（同書、一五八ページ）

解説は必要ないであろう。カントはそのドイツ人の「解明」を読んだとき、わが意を得たとばかりにニヤリと笑ったに違いない。

高慢と偏見に満ちた人種・民族論

なお、『人間学』のあとも『論理学』（一八〇〇年）、『自然地理学』（一八〇二年）、『教育学』（一八〇三年）などの講義録が刊行されたが、これらはケーニヒスベルク大学の同僚イェッシェとリンクによって刊行されたものである。『論理学』は、晩年の範囲であるが、晩年におけるカントの哲学する態度を特徴的に示すもの、という本書のテーマには入ってこないので、すべて割愛することにする。また、『教育学』の刊行はカントが亡くなる前年であるが、その講義は一七七六年から一七八七年までののべ一二年、しかも飛び飛びであって、「晩年（一七九三年〜一八〇四年）」に入る前であるから、ここでは考察を省くことにする。

これらと異なり、「自然地理学」の講義は、カントが三一歳（一七五五年）に修士論文『火について』によってマギスター（修士）の称号を得、さらに私講師の資格を得た翌年（一七五六年）に始まり、じつにカント七二歳の一七九六年に至るまで（すなわち「晩年」に踏み込んで）四〇年間にわたって続けられた。

膨大な内容のごく一部であるが、ちらりと垣間見てみよう。まず、人種や民族については、外見のみならずその能力に関しても、現在の観点から見れば、当然期待されるように、「高慢と偏見」の集積である。

ドイツを横切り全世界を一周する平行線、およびそれより両側に数度の地域には、陸地上おそらく最も身体が大きくて最も美しい人びとがいる。（『カント全集』第一五巻、二四一ページ）

熱帯地方では、人間はすべての面で早熟であるが、温帯地方の完成には達しない。人類は白人の人種において、最大の完成に達している。黄色のインド人はすでにより少ない才能しかない。ニグロはさらに低く、最も低いのは一部のアフリカの原住民である。（同書、二四七ページ）

ドン・ウロア（傍点）は、アメリカのカルタヘナおよびその周囲の地方では、人びとは非常に若く利口になるけれども、知性がそれと同じ尺度で進歩をさらに続けることがない、と記している。最も熱い地帯の住民はすべて、とくに怠惰である。（同上）

なお、民族についての記述は、『人間学』にも登場してくる。「人間学遺稿」から一つ挙げてみよう。

東洋の諸民族は、理念というものを解する力をもたず、したがってまた、美の精神をまったく欠いている。同じように、彼らは、悟性の概念をもって事物を観察することがなく、あるいは、道徳に関する事柄において、心術の純粋な原則の概念をもつこともまたない。（『カント全集』第一四巻、四八三ページ）

ここで付言しておけば、カントのみならずこうした人種差別は欧米の学者のあいだではごく普通のことであった。

たとえば、スウェーデンの著名な博物学者カロル・フォン・リンネは著書『自然の体系』(一七三五年)の人類分類表でアフリカ人を、奇形と称する範疇に並べて人間の最下位におき、彼らはずるく、怠惰で、気まぐれに身をゆだねると記述した。人類学の創始者と呼ばれる、ドイツの偉大な生理学者で比較解剖学者のヨハン・フリードリッヒ・ブルメンバッハは著書『人類の自然変種について』(一七七五年)でコーカサス系(白人のこと)という用語を紹介し、人種を国際比較すれば「白人種が第一の場所を占め」、黒色人種、黄色人種、褐色人種などその他の人種は本来のもの、すなわち白色人種から退化したものと論じた。フランスの多数の作家は黒人が人類とオランウータンとの間をつなぐものと主張した。オランダの解剖学者のペーテル・カンペルは「顔面角」の理論を初めて提唱し、類人猿とアフリカ黒人を最下部に、アジア人を中間に、そしてヨーロッパ白人を最上部におく、頭蓋骨の階層的配置という所信を詳述した。(『国家と人種偏見』、四六ページ)

哲学者とて例外ではない。

イギリスの国務次官を務めて植民地問題を手がけたこともある、有名な哲学者のデイヴィッド・ヒュームは厚かましくも次のように書いている。

ニグロや一般にその他すべての人種（四つか五つの異種族がある）は白人に比べると当然劣っているのではないかと私は思ってしまう。白人以外に有色民族の文明国家は存在したことがないし、有色人種には個人として優れた人物は現実にも、未来を想像しても、見出せない。彼らのなかには独創的な生産者はいないし、芸術も科学もない……。〔後略〕

他の哲学者にもこうした人種的優越の態度が見受けられる。たとえばモンテスキューはアフリカ人を「勤勉性のない」「未開野蛮人」であり、「芸術を解しない」と言っている。ディドロとコンドルセーも同様の意見を表明した。これらの人々は理論としては奴隷制の機能に反対したものの、実践では慎重で曖昧で、奴隷制を支持することもあった。人間の自由を説いた聡明な哲学者のジョン・ロックは現実には王立アフリカ貿易会社の株主だった。ヴォルテールもインド商会の株をもっていたが、この会社の富の一部は奴隷貿易によるものであった。彼は、黒人は「動物よりもちょっとましな考え」しかもっていないし、「国家のヒエラルキーの結果として、黒人は白人の奴隷なのだ」と書いた（同書、四七ページ）。

さて、だが、注意すべきことであるが――こうした人種間の知的能力の差異にもかかわらず、カントは倫理学は唯一であり道徳法則も定言命法も唯一であると考えていた。幾何学や物理学が人種のあいだで異ならないように、倫理学も人種のあいだで異なることはない。異人種もやはり白人＝ヨーロッパ人と完全に同じ理性をもっているのだが、ただ環境や状況がその発現を妨げているだけなのである。よって、彼らに適切な教育を施せば、近代西洋人とまったく同じ道徳法則を承認するはずなのだ。まさに、これが理性主義ないし理性信仰にほかならない。

また、カントは各民族の（近代ヨーロッパ人からすると）奇妙な「性格」を、まるで見てきたように語る才能がある。

新オランダ［オーストラリア］の海岸の住民は半ば閉じた眼をもっていて、頭を背中の方へ傾けないと、遠方を見ることができない。眼のなかへ絶えず飛びこんで来る蚊のために、彼らはそうすることに慣れているのである。（『カント全集』第一五巻、二四六ページ）

〔前略〕シナ人は大きな眼が気にいらない。シナ人が完全なる人間として求めるのは、大きな四角な顔、幅広い耳、非常に幅広い額、太った腹、およびどら声である。（同書、二五一ページ）

それにしても、カントは、黒人がなぜ「黒い」のかに相当興味があったようである。

多くの自然学者は、その色は、表皮と、その表皮の色を染める黒い物質とに由来する、と信じている。他の人びとは、それを網状組織体（Corpore reticulari）から導きだしている。〔中略〕その風土の熱がそれの原因であろうということは、充分に認められる。しかしそれが生まれつきのものとなり、遺伝するようになるためには、何世紀もの長い系譜がそれに加わって来たことは確かである。

血液と血清とを皮膚下に導く血管の枯渇が、鬚の不足や短くて褐色の頭髪を発生させたり、また表皮を通って網状組織体の枯渇した通り途のなかへさしこんで来る光が吸収されてしまうために、黒い色の外貌が生ずることは、ありそうなことである。（同書、二四四〜二四五ページ）

比較的好意的な日本人論

カントはそれぞれの国民や民族についても、あたかも現に見てきたかのように生き生きと描写している。「日本」についても、かなりのページを割いているが、意外なことに、いま読んでみてもそれほど事実と異なってはいない。このすべてが一六九〇〜一六九二年に（よって、本講義のおよそ一〇〇年前に）日本に滞在したドイツ人医師のエンゲルベルト・ケンプファーの旅行記に依存しているという。

日本には、内裏〔＝天皇・帝〕と呼ばれ、都に住んでいる一人の精神的君主と、みずから公方と呼んでいる世俗的君主とがいる。内裏は、かつては全島を支配したこともあるけれども、いまは都およびそれに属する領地以外には、それ自身の所有地をもっていない。なぜなら、公方がいまやこの全島の主権をもつカイザーにほかならないから。長崎をのぞいて、一つの港も、異国人には開かれていない。それも、しかもオランダ人とシナ人にだけであり、さらに長崎の町そのものでなくて、そこにある出島という島にすぎず、そのなかには異国人を監禁することも可能である。（同書、三七〇ページ）

日本人は大体大きな頭、平らな鼻、小さな眼（シナ人ほどにはいちじるしくはない）を有し、体格は小さくて、ずんぐりしている。顔の色は褐色で、髪は黒い。彼らは注意深く、誠実で、行儀がよく、勤勉で、不快なものには厳格である。――そのほか、邪推し、ダッタン人のごとく短気であり、非常に頑固であり、死をおそれない。彼らは復讐をつぎつぎと継承する。（同書、三七一ページ）

カント（すなわちケンプファー）が日本人の身体的外形を誉めているとは言いがたいが、注目すべきは、彼が、とくに「シナ人」（中国人）と比較して、日本人の精神性を高く評価していることである。

この国ではシナよりも一層すべてが整然としている。頑固さのために、その法律は非常に苛酷である。（同書、三七四ページ）

彼ら〔日本人〕は躾けが非常によく、きめが細かく、知識があり、すべての芸術ではシナ人よりすぐれて洗練されている。（同書、三七五ページ）

シナ人は大きな虚偽をもっているが、日本人には、これに反して、偉大な勇気、決断、毅然さがある。彼らはまた、みずから身体を切ってまで自殺に非常に傾倒する。……またこの国民には、シナ人の場合よりも、多くの理解力が見いだされる。(同書、三七六ページ)

とくに、次のコメントは注目に値する。

日本人は、いわばこの〔アジアという〕世界の一部分でのイギリス人と同等にみなすことができよう。(同書、三七六ページ)

詳細な動物観察記録

『自然地理学』には、じつに多様な動物たちが掲載されている。その部分を読むと、哲学者カントの驚くべきほどの関心の広さと多様さに圧倒される。その射程は、人類を越えて、地上のあらゆる動物(海洋動物を含む)に留まらない。植物や鉱物にまで及ぶのだ。そこには、無味乾燥でありながら不思議に愉快な効果を及ぼす言葉が並んでいる。その「知識だけの観察記録」は、大真面目に記述されているからこそ、かえって喩えようもなく滑稽である。

カバ〔河馬〕

それは前から見るとウシに似て、うしろからはブタに似ており、ウマの頭とウシの鼻面があり、黒褐色で、足は非常に太く、そのおのおのをぐるりと三つの蹄が取り巻いている。大きな鼻の孔から遠くの方へ水を噴き出し、サイと同じように太っていて、高さもほぼそのくらいである。顎骨から四本の歯が突き出ていて、大きさはウシの角とほぼ等しい。その歯は、色が象牙よりももっと安定しているので、象牙よりも良質とされている。そのほか、この動物の皮膚は、大部分の箇所に傷のつくことがない。身体全体は三〇ツェントナー以上の重量があり、その嘶(いなな)きは或る点でウマに似ている。(『カント全集』第一五巻、二六二ページ)

ロバ〔驢馬〕

雌のロバは交尾のあとすぐに鞭で殴りつけなければならない。さもないと、それは精液をすぐに再びもどしてしまうからである。(同書、二五四〜二五五ページ)

痩せぎすの薄い灰色のナマケモノは笑った顔をしていて、灰色の太い毛と不格好な腰をもち、木の上に這い上がる。しかし途方もない緩慢な性格で、悲鳴をあげるだけで助かっている。それが早く歩いて進んでも、一日に最高五〇歩を往復するだけである。（同書、二六五ページ）

モグラは地中でミミズに向かってのみ突進し、盲ではない。（同書、二六九ページ）

それにしても、カントはクジラに相当興味をもっていたようだ。

クジラ類は、本来のクジラ、ナガスクジラ〔長須鯨〕、ノコギリエイ〔鋸鱝〕すなわちシャチ〔鯱〕、ノース岬クジラ、マッコウクジラ〔抹香鯨〕、およびイッカク〔一角〕に分類される。グリーンランドクジラは身体の全長の三分の一を占める頭部がある。それは、背中に背鰭ないし浮きをもったナガスクジラよりも、はるかに太っており、またただ一つの吹き管を有するノース岬クジラよりも、ずっと大きい。〔中略〕しかしナガスクジラやノース岬クジラは、何トンものニシンを呑みこんでしまう。この動物は歯の代わりに、鯨骨から成る髯があり、それの最も長いものは二尋に達する。マッコウクジラは下顎に歯がある。その頭部は身体全体の半分を占める。それには狭い咽喉、水を噴き出す噴水孔、白い血液がある。空気を吸いこまないと、水面下に長く止まっていることはできない。それは生きた仔を産み、乳を飲ませる。（同書、二八一～二八二ページ）

クジラの記述はこの引用箇所の二倍ほど続く。

さらに、カントは、低級な（？）動物にも同じように興味を抱いている。ネズミについては「イエネズミ、ハツカネズミ、オオネズミ、カワネズミ、ノネズミ、コモリネズミ、ヤマネズミ」を挙げている。「甲殻動物」という項目には「ホネガイ、シンジュガイ、カキ、フジツボガイ、エボシガイ、オオムガイ」が、「害虫」の項目には「舞踏グモ、シジョウチュウ、スナノミ、ナンキンムシ、ムカデ、アブ、カ」などが並んでいる。こうした「わけ隔てのない」カントの態度は、感動的なほどである。これらの無味乾燥な講義を聴講者はどんな面持ちで聞いていたであろうか、と思うと猛烈に想像力をかき立てられる。

カントのこうした異様なほどの知識欲は、どこから来るのであろうか？　テリトリアヌスは「人間に属するもので私に無関係なものはない」と言ったが、カントの興味は人間に限らない。ありとあらゆる動物にも、さらに植物にも及んでいる、それればかりか、「金、銀、銅、錫、鉄、水銀、亜鉛、砒素、揮発油、石油、アスファルト、石炭、硫黄」などの鉱物についても論じている。

まさに地上のすべての存在者でカントの興味を逃れるものはないかのようである。あえて言えば、カントは――私自身がそうであったように――昆虫採集や世界地図が大好きな少年がそのまま大人に、そして老人になったようなのだ。

『オプス・ポストゥムム（遺稿集）』――質料の中に分け入る

一七八六年に『自然科学の形而上学的原理』を刊行してから、カントは「自然科学の形而上学的原理から物理学への移行」という大きなテーマに挑んだ。やや専門的な領域に入るが、カントの超越論的観念論という壮大な体系において、その「そと」に位置する「物自体からの触発」が、はじめから「躓きの石」であった。たしかに、世界は、人間理性の構築物（意味付与の産物）にほかならず、「現象」にすぎない。あらゆる学問が描き出すのは、絶対的真理でなく、あくまでも人間にとっての真理なのであって、人間理性の限界をわれわれ人間は超えられない。

とはいえ、世界は単なる形式（概念）にのみではなく質料（世界の実質を成しているもの、ここでは、「物質」としておく）によっても成り立っている。われわれ人間が世界の質料（物質）を創造したのではない。われわれには質料（物質）が「与えられている」のであって、そのもとで人間理性は形式（概念）によって世界を現象として描き出すのだ。だが、こうして、現象としての世界もまた質料（物質）を取り込んで成立しているのだとすると、われわれが創造したのでもない質料（物質）は、なにゆえに人間理性に従いえるのであろうか？　このことは、単なる偶然なのだろうか？　それとも、質料（物質）の中に人間理性と呼応する何かがすでに潜んでいるのであろうか？

およそ、こういう思考過程を経て、カントは『自然科学の形而上学的原理』を刊行したときから、さらに質料（物質）の中に分け入ろうとした。カントは物質を扱う「化学」の中にその秘密が隠されていると信じて、晩年とくに化学に取り組んだ。しかし、その試みは断片に留まり、膨大な『オプス・ポストゥムム（遺稿集）』として、アカデミー版カント全集に収められている。

「仕事を共にすることによってはじめて深く知り得る」

それにしても、カントは勤勉である。驚くほど勤勉である。三一歳（一七五五年）にして私講師の資格を得て以来、七二歳（一七九六年）の最終講義に至るまで働きづめであり、いや、一六歳（一七四〇年）で大学に入ったころから死の直前まで（一七九八年ごろ）、その頭脳は一瞬も活動をやめなかったように思われる。そして——きわめて重要なことであるが——量質ともに圧倒的な威容を誇るその仕事は、（えせ？）天才肌の才気に任せた乱脈な生活とは真逆の、地味でたゆまぬ勤勉さから生まれたのである。カントは「倫理学講義」の中で次のように言っている。

〔前略〕われわれ自身を正確に知ろうとする努力は、実生活の中で己の行為が善なるか悪なるかを観測することによって為されねばならない。その第一の規則はこうである。〔中略〕危急に際しての短祈禱（Stossgebet）によってではなく、善なる行為の実現によって、きちょうめんさと労働とによって、とくに正直と隣人に対する実際の善き行状とによって善なることを実証するように努めよ、そうすれば汝が善なるか否かを知ることができる、と。（『カントの倫理学講義』、一八三ページ）

「短祈禱」とは困ったときにとっさに神に祈ることであろう。カントはそれより日々の勤勉な労働によってのみ善が実現されると主張しているのである、さらに、カントは、

「何一つ仕事もしないのは背徳である」(同書、二〇七ページ)とか「人間は仕事をせずに幸福に生きることはできない」(同上)とすら言っている。まるでカルヴァンが語っているかのようである。そして、これに連関して、次の言葉も疑いの余地のない真理であろう。

われわれは談話によっては友人を深く知り得ず、彼と仕事を共にすることによってはじめて深く知り得る〔後略〕。(同書、一八三ページ)

他人と「仕事を共にすることによって」、その人の仕事に対する熱意や誠実さ、目標設定の高低、あるいは報酬に対する満足度などから、いや、さらに根本的なことだが、仕事能力とそれに対する自己評価や自己欺瞞、他人との協調性やリーダーシップ能力、あえてマイナス面を挙げれば、仕事のごまかし方や力の抜き方、弁解の仕方や虚栄心や嫉妬心などを通して、その人を「はじめて深く知り得る」のである。

第八章　老衰そして死

人生の短さについて

カントは、一八〇四年に死んだが、その八年前の一七九六年（七二歳）まで講壇に立っていた。彼は、若いころから身体が弱く、自分はそれほど長生きしないであろうと考えていた。母親はカントが一三歳のときに死に、父親も二二歳のときに死んだ。『純粋理性批判』を大急ぎで書き上げたのも（半年と言われている）、自分には、それを完成する時間は残されていないかもしれないという恐怖からである。

彼は、最晩年には、自分の長い人生を振り返って何を考えていたのであろうか？『人間学』に次のような文章がある。

> ところで、自分の一生の大部分を通じて退屈に苦しみ、したがって毎日が長くなった人間が、しかも人生の終わりに至って生の短きを歎くという現象は、何と説明したらよいであろうか？（『カント全集』第一四巻、一九一ページ）

これは、それほど鋭利な言葉ではない。むしろ常識と言っていいであろう。だが、生の短さに対する次の「対策」は、きわめて洞察力のあるものである。

そして、計画に従って進行し所期の大いなる目的を達成する仕事によって、時間を充実させるということ（いろいろな仕事によって生を延ばすこと vitam extendere factis）は、自分の人生を楽しくし、同時にしかしまた人生に飽きるようにもする唯一の確実な手段である。「君が考えたことが多ければ多いほど、君がなしたことが多ければ多いほど、それだけ長く君は（君自身の想像においても）生きたことになる」――このようにして人生を終えることは、いまや満足をもってなされることである。（同書、一九一～一九二ページ）

「時間の長さ」とは、想起における、すなわち過去における時間の長さにほかならないことをカントはよく知っていたのだ。「いま時間が速く流れる」と言う人はいない。年末になって「今年もあっという間だった」とか、中年になって「青春はあっという間だった」とか、人生の終わりになって「人生とはあっという間だった」というように、時間の長さ（短さ）は必ず過去形で語られるのだ。とすれば、「想起するときの長さ」がすなわち「人生の長さ」なのであるから、老年になって「なしたことが多ければ多いほど」、彼は「それだけ長く生きたことになる」わけである。

これに関連して、カントは「倫理学講義」「第二章　第二十節　状態に関する生命の義務について」（というよく意味のわからないタイトルの節）において、長々とこの「（なした）仕事と時間の長さとの関係」を論じている。そこには、きわめて洞察に充ちた言葉が並んでいる。

何も為すべき仕事をもたない人びとには、どんな時間でも随分長く感じられるが、回想すれば、その長かった時間もどこに在ったかわからないほど短く思われてくる。しかし仕事に忙しい人には、これが逆に感ぜられる。彼にとってはどんな時間も非常に短く、仕事中には時間のたつのがわからないで、いつもあまりにも速く時間がたつのに驚かされてしまうが、ふり返ってみるとこの時間中にどれだけ多くの仕事をしたかに気づくのである。（『カントの倫理学講義』、二〇六ページ）

このことは誰でも知っている。旅行の開始のころ、新たな土地に引っ越した最初のころ、新たな環境に身を置いた初めのころは、日々の事柄が目新しく、時間はきわめて「短い」が、次第にその環境に慣れてくると、「長く」なっていく（ふり返ってみると「速く」なっていく）のも、このせいである。新たな環境に放りこまれたとき、われわれは緊張し、周囲の物事を必死に観察しているからこそ、「あとで」想起するとき、その一つ一つを克明に憶えているから、それらを想い起こす時間を思い起こされた過去の時間と同一化して、時間が「ゆっくり流れた」感じがするのだ。しかし、次第に周囲の環境に慣れてくると、われわれはほとんど周囲の物事に注意せずにかなりのことを成し遂げてしまうので、「あとで」想起するとき、画一的な印象が重なり合って区別されず、時間は「速く流れた」感じがしてしまうのである。

こうした論述から推察するに、きっとカントは、自分の人生を回想して「なしたこと」があまりにも多いので、自分は「じつに長く生きたものだ」と思ったことであろう。しかし、彼が「人生を終えることは、いまや満足をもってなされること」と考えたかどうかはわからない。

人生に満足を感じてはならない

グリガによると、カントは六五歳（一七八九年）のとき、ケーニヒスベルクを訪れた一人のロシア人作家を家に招き入れて、「来世」について、こう語っている。

私としては、自分がすでに六十歳を越しており、私の人生の終りがもうそう遠くなく、そこでより善い生活へ入るように望むことで満足しています。私が自分の人生の中でこれまで味わった喜びを今思い出しても、私は満足を感じません。しかし私が私の胸中に記された道徳法則に従って行為した場合のことを考えると、私は最も純粋な喜びを覚えます。〔中略〕ところでもちろん未来の生活がありそうに思われることは、確実ではありません。しかしすべてを綜合すると、理性はそれを信じるように命令します。(『カント　その生涯と思想』二五四～二五五ページ)

たしかに、カントは老境に至って回顧してみると、自分の生涯が充実していたことを確信していたし、(道徳的に)善く生きたことも確信していたのであるが、それに「満足を感じる」ことはなかった。これは、たしかに「喜び」もあったのだが、「幸福だった」わけではないと言いかえられるであろう。自分は、もはや、「より善い生活〔来世〕へ入るように望むことで満足して」いるだけなのである。

これは、さまざまなことを語っている。まず、ファウスト(＝ゲーテ)のように、この世の事柄のうち何をしても満足できないと告白しているのでないことは確かであろう。といって、もっと(道徳的に)善く生きるべきだったという後悔(不満足)でもないようである。カントは、自分なりに精いっぱい(道徳的に)善く生きようと努力してきたが、そしてそのために「最も純粋な喜び」は覚えたが、完全に善く生きたと言いうるわけでもないことも自覚している。

これは、『実践理性批判』における「魂の不死の要請」という思想にも呼応している。『人倫の形而上学の基礎づけ』(一七八五年)にあるように、われわれがどこまでも(道徳的に)より善くなるように刻苦精励することは自分自身に対する義務である。しかし、どんなにこの義務を実現しようと日々刻々努力しても、われわれ人間はその与えられた有限な時間内にはこれを完全に達成することはできない。それを達成するためには、じつに無限の時間がかかるのであり、このために人間理性は魂の不滅(無限)を要請するのである。

カント倫理学の基本図式(人間観?)からすると、(道徳的な)善い行為を実現するという以外の幸福はないのであり、これを除いたすべての行為は(一見幸福そうな行為でも)「幸福に値しない」。そして、われわれは生きているうちには完全な(道徳的な)善さに到達はできないのであるから、まさにカントが告白しているように、生きている限りは真の意味で幸福を覚えることはなく、満足を覚えることはない、いや覚えてはならないのである。こうした考えのもとでは、人生をもう一度繰り返したいはずなどないであろう。カントの伝記作家の一人であるボロウスキーは次のように語っている。

「ちょうど同じ人生をもう一度最初からやり直すという条件ならば、わたしはどうしても同じ生涯をくり返したいとは思わない。」カントのこうした言葉を、誰か彼の著書の中に読まなかった者があるだろうか。また彼の友人の中で、それを非常にたびたび彼の口から聞かなかった者があるだろうか。（『カント　その人と生涯』、六五ページ）

そして、無意味であることを知りながら、カントは『人間学』の中で、次のようにも語っている。

年からいっても円熟し、分別もついた、考えのある男ならば、たとえ、呼びもどされた年月と、現に今生きてもいる時とを、もっとよい条件の下に生きるとした場合でも、もう一度若くなることを選ぶことはまずあるまい、ということは、注目にあたいすることである。（『カント全集』第一四巻、四六三〜四六四ページ）

「同じ人生」ではなく「もっとよい条件の下に生きるとした場合でも」、カントはそれを望まないのである。すばらしい人生を送ったと信じている人にとって死ぬことは辛いであろう。しかし、カントのように、人間が、そしてこの世が、根本悪に塗れていると信じている者にとって、そこからの離脱は、それほど辛くはないかもしれない。これは一種の救いであろう。

認知症？

一七九九年に入り七五歳を越えたカントは、迫り来る精神のたそがれと闘っていた。物覚えが悪くなり、ついには、人の名前が記憶できなくなった。そこで、カントはアルファベット順に人の名前を書いた引き出しをこしらえて、訪問客があると、名前を聞いて、その引き出しを開けてから会見したという。いかにもカントらしい律儀さと悲壮さに溢れたエピソードである。

また、ヴァジヤンスキーによると、「普通彼は、人が、『お目にかかれてうれしく存じます。』と挨拶するのに対して、『わたしはもう余命いくばくもなく、老いぼれた人間です。』と答えた」（『カント　その人と生涯』、三二五ページ）そうである。そして、さらにカントはいつも客人にこう語っていた。

「皆さん、わたしは年をとって衰えました。皆さんはわたしを子供のように取り扱ってくれねばなりません。」（『カント伝』、七九〇ページ）

この言葉の通り、ヴァジヤンスキーは、あまりにも「子供のよう」なカントの振る舞いを報告している。

コーヒーは「すぐに」（これが彼の口癖であった）つくらねばならなかった。〔中略〕下男は、すでに沸かしてある湯の中に大急ぎでコーヒーを入れ、それを沸騰させてすくい上げるのだが、彼にはそれに要するわずかの時間すら、耐えられないほど長かった。〔中略〕最後に、彼は落ち着いた態度で言った。「今わたしはそのために死ぬかもしれません。あの世ではもうわたしはコーヒーなんか飲みたくない。」彼は食卓から立って扉の方に向かい、しかもかなりはっきりと叫ぶ。「コーヒー！　コーヒー！」。ついに下男が階段を上がってくる音が聞こえると、まるで帆柱の上から水夫が叫ぶように、「陸地が見えた。」と歓声を上げた。コーヒーが冷めるまでの時間さえ、それが幾つかのコップにつぎ移されていくことさえも彼には長すぎた。（『カント　その人と生涯』、二七八ページ）

これが『純粋理性批判』を書いた大哲学者の姿かと悲しくなる人もいるだろうが、私には、こうした「子供のよう」な振る舞いこそが、カントの「本来の姿」のように思えるのである。さらにカントは子供を通り越して幼児のようになった。

チーズを食べすぎる

それまで身体が弱いながらも、養生に努めて、さしたる病気もなく老後を迎えたカントが、死（一八〇四年二月一二日）の四ヵ月前（一八〇三年一〇月八日）に、生涯ではじめて重病に陥った。チーズを食べすぎたからである。ヴァジヤンスキーはその「悲惨」としか言いようのないありさまをあまりにリアルに報告している。

彼はどんな食事にも味がなく、バターつきのパンをひどくほしがった。このパンを彼は一口ごとにすりつぶしたイギリスチーズに押しつけてむさぼり食った。初めは他の皿が出ている間が長すぎて、少しも早く好物の皿の出る順番を待ち望んだが、後にはもうそれが待ちきれず、皿の合い間ごとに、あの彼の身体に良くない食べ物を出させ、それを存分に食べたものだった。〔中略〕彼は、その食べ物はこれまでも決して自分の害になったこともなく、また害になるはずもないと言って訴えた。チーズは食べ尽くされた。そうしてもっとすりおろさねばならなかった。私はそれをやめさせよう

とあらゆる努力を試みたが、結局のところ沈黙して譲歩せざるを得なかった。（同書、三二六〜三二七ページ）

高齢者名簿への関心

下男のランペを解雇すると、カントは身の回りの世話をさせるために、（ヴァジヤンスキーのほかに）夫と死別していた妹のカタリーナを自宅に呼び寄せた。このことは、二重の意味で意外である。すなわち、第一に、それまで自宅には食卓の仲間に限らず、一人の女性も入れなかったという点から、そして、第二に、同じケーニヒスベルクに住んでいる兄弟姉妹とは、大学入学以来（六〇年以上にわたって）一切の縁を切っていたという点から。

次のヤッハマンの報告は面白いものであり、私にはきわめて「カントらしい」と思われるのだが。

彼は自分が高齢に達するということに深い関心をもっていました。高齢者の名簿をすっかり覚えていて、しばしばケーニヒスベルクの上流の人びとで自分より年上の者の名前をあげ、自分がだんだん昇格して、もはや自分の前には年長者があまりいないのを喜びました。また長年の間、ケーニヒスベルクの警視庁から死亡者月報を交付して

もらい、それを基にして自分の寿命の公算を立てました。（同書、二二五ページ）

なんとも「可愛らしい」話であるが、これもまたきわめてカント的である。そして、ヤッハマンは、「臨終に先立つ一年以上もの間、会話の際にも食事の際にも、彼の口からはしきりに唾液が流れ」（同書、二三六ページ）た、と報告している。また、ヴァジヤンスキーによると、「一八〇三年四月二十四日として、彼は手帳に次のように記入した。『聖書に言う、我らが年を経る日は七十歳にすぎず。あるいは健やかにして八十歳に至らん。されどその誇るところは、ただ労苦のみ。』」（同書、三一三ページ）と。

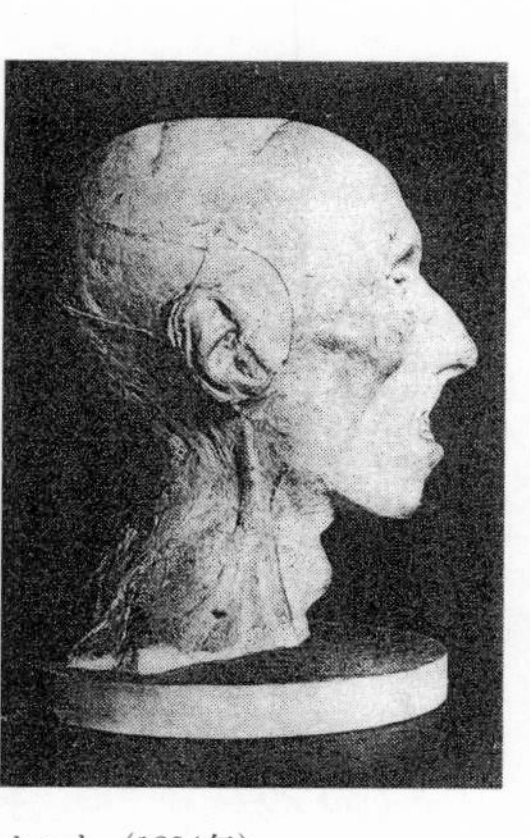
カント（1804年）

臨終

一八〇四年二月一二日の午前一時ごろ、カントは、ヴァジヤンスキーの差し出す「ブドウ酒を水で甘く割ったもの」（同書、三四五ページ）を飲みほすと „Es ist gut !!“ と呟いて息を引きとった。これがカントの最後の言葉である。この言葉に対して「すべてはよい」というような大仰な意味付与はやめよう。カントはただ、そのブドウ酒が「おいしい」と言っただけなのである。そのほうが、ずっとカントに似合っていることも、ここまで読んでこられた読者諸賢にはおわかりのことであろう。

二月二八日に、ケーニヒスベルクのすべての寺院の鐘が鳴る中でカントの壮大な葬儀が行なわれた。貴族や教授や学生のみならず、ケーニヒスベルクの多くの市民が詰めかけ、カントの棺の前にはこの偉大な哲学者と最後の別れをしようとする一〇〇〇人以上の長蛇の列ができた。しかし、「大寺院では最後の告別の言葉が語られた。司祭は居なかった」（『カント　その生涯と思想』、三四〇ページ）とグリガはそっと書いている。なぜなのか、無性に気になることではある。

では、カントは死後どうなったか？　現在のカントの知名度を知っている者からしたら信じられないであろうが、エルンスト・カッシーラーは（いま確認した盛大なカントの葬儀とは矛盾するようにも思われるが）次のように記している。

〔前略〕カント自身は彼が死んだ時、自分の周囲や故郷の町からはほとんど忘れられかけていた。既に一七九八年――彼の死の六年前――に、ペルシュケはフィヒテに、カントがもはや講義を行わず、マザビー家での交際は例外として、あらゆる社交から身を引いて以来、ケーニヒスベルクにおいてさえ次第に知られなくなってゆくと書き送った。(『カントの生涯と学説』、四三八～四三九ページ)

たぶんこれを受けて、ヴァイスは次のように語っている。

〔前略〕カントは没後ただちにほとんど忘れ去られたというのは事実なのだろうか。そのとおりだったのである。そのときすでにドイツ哲学という天空には別な星が輝いていた。たとえば、フィヒテ、シェリング、ヘーゲルという三つ星が。(『カントへの旅』、二二八ページ)

カントの家、その後

では、カントが老境に差しかかってはじめて手に入れたマイホームは、その後どうなったのであろうか？　読者の多くは、ドイツ中に名前が轟き、その食卓に呼ばれることを熱望している者がたくさんいて、散歩をすると、街の人々が時計を合わせたというほど有名な哲学者が住んでいた家なのであるから、カント博物館にでもなったとお思いであろう。しかし、驚くなかれ、「すでに哲学者の没後まもなく、不動産はある酒場経営者の手

カントの邸宅（『カント　その生涯と思想』より）

に渡った。カントの部屋が九柱戯や玉突きの場所になった」（同書、二二四ページ）とのことである。そしてカントの没後八九年の一八九三年に、最終的に「取り壊されてしまった」（同上）のである。

あとがき

哲学者はどのような心境で晩年を過ごすのであろうか？　それは、哲学者の数だけ異なる、という大前提のもとに、あえて想像をたくましくしてみるに、「当時の哲学界を支配した」という実感をもつ成功した哲学者は、カントとそれほど異なった心境にはないように思われる。大学（名誉）教授という職をもって晩年を迎えるのが通例になるカント以降の哲学者に限ると、自分の学説が学界を風靡しつつも、そこかしこで反論が芽生えるのを目撃して死ぬのであろうから、やはり原理的に自分の学説それ自体は正しいが、現実的にはそれを周知させるのは難しいと思って死ぬのであろう。

若くして知識学を設立し、知識学以外に哲学はないと確信していたフィヒテがその典型であり、現象学の創立者フッサールも、同時代のベルクソンも、ほぼ同じ心境であったように思われる。さらに視点を拡大すれば、大学人か否かを問わず、しかも現実に受け容れられていたか否かには関わりなく、デカルトも、スピノザも、ロックも、ライプニッツも、バークリーも、ヒュームも、ヘーゲルも、ニーチェも、ハイデガーも、ヴィトゲンシユタインも、サルトルも、レヴィナスも、自分の洞察と理論が人類の登場以来そして未来永劫唯一正しいと確信して死んでいったのである。

しかし、本書を書くように私を動かした「動機」はこういう有名哲学者たちのモデルではない。といって、何ら独創的なこともせず、幾人かの有名哲学者たちの解説をしただけで死んでいく、言いかえれば、優れた哲学者の思想に触れそれを解読しただけで満足している、おびただしい哲学研究者たちでもない。あるいは、その中間のはざまに生きて、それなりにちょっとは自分独自の思索を続けたと自負しながら、死んだらすぐに忘れ去られるだろうと確信して晩年を迎える、そういう哲学者たちでもない。

いや、これら哲学者すべてに共通の問いなのだ。すなわち、最も有名な哲学者から最も無名な哲学者に至るまで、すべての哲学者に共通の問いなのである。いま哲学に携わっている者たち（とくに老人たち）は、ある若いとき哲学をめざし、幸運なことに、それを一生手放さないことができた。しかし、間もなく死んでしまうのである。それでいいのであろうか？　背筋が寒くなるような虚しさを、やりきれなさを感じないだろうか？　真理をめざすことに生涯をかけながら、それに到達できずに死ぬのである。これほど虚しいことがあろうか？

それは、どの職業でも同じことだという声が聞こえてくる。しかし、断じてそうではない。科学者ならまだ救われる。人類にとって有益な何かに一石を投じたという思いがあるからである。芸術家ならまだ諦めがつく。彼はいかに些細なものでも自分にしかできない「美しいもの」を創造したと思えるのであるから。だが、哲学者は何か有益なことを探究するのでもなく、何か創造するのでもない。ただ、この世界が「こう」あるはずはないと予感して、そこに何ごとかを期待して、生きているだけなのである。ビッグバンからの一三八億年の時間と数百億光年という気の遠くなるほどの広大な宇宙のなかで、この「私」は一〇〇年たらずの生を受け、その後永遠の無になってしまうのであろうか？　哲学者たちは、そうであるはずがないと考えて、青春のある日、無我夢中で哲学の門を叩いたのではないだろうか？　少なくとも私はそうである。この残酷きわまりない構図を破壊するために。

しかし、それを破壊することは言語を破壊することであることに気づいてはいるものの、この構図の破壊は、並大抵の努力でなしとげられるものではない。しかも、それはある日自分が突如真理の光に包まれるという仕方で達成されるものでもない。そうではなくて、かつて当然だと信じていたことが一つ一つそのネジを緩め、明晰な疑いのなかに移行していくことによって、世界の拘束から「より解放される」のである。過去が「ある」ことは疑わしい。「いま」があることも疑わしい。広大な空間が私の外に広がっていることも疑わしい。「私」がいることも疑わしい。こうした疑わしさを通じて、「何か」が少しずつ見えてくるのである。

カントは、神が「いる」とも「いない」とも言わなかった。私が「不死である」とも「不死でない」とも言わなかった。両者のいずれにも呑み込まれない中間のところに、ずっと留まりつづけよと提案した。この世界はまるごと「現象」であると言った。「ある」とも「ない」とも言わなかった。そうすることによって、はじめて信仰への道が開かれることを教えた。そうなのであろう。神と格闘してくたびれ果てたヤコブのように、言語と格闘してくたびれ果てるとき、その虚脱状態のただなかで何かが見えてくるのかもしれない。五〇年以上つきあってきたカントは、私にそんなことを教えてくれるのである。

なお、本書における引用（翻訳）出典はそのつど引用箇所のあとに記しておいたが、ここでまとめて採用した書籍を並べておく。

・ウーヴェ・シュルツ『カント』坂部恵訳、理想社
・アルセニイ・グリガ『カント　その生涯と思想』西牟田久雄、浜田義文訳、法政大学出版局
・フリッツ・ガウゼ『カントとケーニヒスベルク』竹内昭訳、梓出版社

・エルンスト・カッシーラー『カントの生涯と学説』門脇卓爾、高橋昭二、浜田義文監修、みすず書房
・オットフリート・ヘッフェ『イマヌエル・カント』藪木栄夫訳、法政大学出版局
・ノルベルト・ヴァイス『カントへの旅――その哲学とケーニヒスベルクの現在』藤川芳朗訳、同学社
・マンフレッド・キューン『カント伝』菅沢龍文、中澤武、山根雄一郎訳、春風社
・L・E・ボロウスキー「カントの生涯と性格」、R・B・ヤッハマン「人間カントについて――ある友人への手紙――」、A・Ch・ヴァジヤンスキー「晩年におけるカント――その人と家庭生活」『カント――その人と生涯』芝烝訳、創元社
・イマヌエル・カント『純粋理性批判』(上) 原佑訳、平凡社ライブラリー
・イマヌエル・カント『プロレゴメナ』篠田英雄訳、岩波文庫
・イマヌエル・カント『啓蒙とは何か』篠田英雄訳、岩波文庫
・イマヌエル・カント『人倫の形而上学』(『世界の名著32カント』) 加藤新平、三島淑臣、森口美都男、佐藤全弘訳、中央公論社
・イマヌエル・カント「美と崇高の感情に関する考察」(『カント全集』第三巻)、川戸好武訳、理想社

・イマヌエル・カント『純粋理性批判（上）』（『カント全集』第四巻）、原佑訳、理想社
・イマヌエル・カント『純粋理性批判（下）』（『カント全集』第六巻）、原佑訳、理想社
・イマヌエル・カント「たんなる理性の限界内における宗教」（『カント全集』第九巻）、飯島宗享、宇都宮芳明訳、理想社
・イマヌエル・カント「哲学における最近の尊大な語調」（『カント全集』第一二巻）、門脇卓爾訳、理想社
・イマヌエル・カント「啓蒙とは何か？　この問いの答え」（『カント全集』第一三巻）、小倉志祥訳、理想社
・イマヌエル・カント「万物の終末」（『カント全集』第一三巻）、小倉志祥訳、理想社
・イマヌエル・カント「永遠平和のために」（『カント全集』第一三巻）、小倉志祥訳、理想社
・イマヌエル・カント「哲学における永遠平和条約の近い締結の告示」（『カント全集』第一三巻）、小倉志祥訳、理想社
・イマヌエル・カント「学部の争い」（『カント全集』第一三巻）、小倉志祥訳、理想社
・イマヌエル・カント「人間学」（『カント全集』第一四巻）、山下太郎、坂部恵訳、理想社
・イマヌエル・カント「人間学遺稿」（『カント全集』第一四巻）、山下太郎、坂部恵訳、理想社

・イマヌエル・カント「自然地理学」（『カント全集』第一五巻）、三枝充悳訳、理想社
・イマヌエル・カント「小論集／12人間愛からの虚言」（『カント全集』第一六巻）、尾渡達雄訳、理想社
・イマヌエル・カント「小論集／16声明」（『カント全集』第一六巻）、尾渡達雄訳、理想社
・イマヌエル・カント「書簡集II」（『カント全集』第一八巻）、観山雪陽、石崎宏平訳、理想社
・イマヌエル・カント『カントの倫理学講義』パウル・メンツァー編、小西國夫、永野ミツ子訳、三修社
・ヨーハン・ゴットリープ・フィヒテ『啓示とは何か　あらゆる啓示批判の試み』北岡武司訳、法政大学出版局
・ヨーハン・ゴトリーブ・フィヒテ「初期宗教論・啓示批判」（『フィヒテ全集』第一巻）、阿部典子、田村一郎、湯浅正彦、大橋容一郎他訳、晢書房
・ヨーハン・ゴトリーブ・フィヒテ「初期知識学」（『フィヒテ全集』第四巻）、隈元忠敬、阿部典子、藤澤賢一郎訳、晢書房
・ヨーハン・ゴトリーブ・フィヒテ「一八〇一―〇二年の知識学」（『フィヒテ全集』第一二巻）、隈元忠敬、阿部典子、藤澤賢一郎訳、晢書房

・ハインリヒ・ハイネ『ドイツ古典哲学の本質』伊藤勉訳、岩波文庫
・ルネ・デカルト『方法序説』谷川多佳子訳、岩波文庫
・ジャン＝ポール・サルトル「アルベール・カミュに答える」(『サルトル全集第三〇巻／シチュアシオンIV 肖像集』)、佐藤朔訳、人文書院
・フーゴ・オット『マルティン・ハイデガー 伝記への途上で』北川東子、藤澤賢一郎、忽那敬三訳、未來社
・ポール・ゴードン・ローレン『国家と人種偏見』大蔵雄之助訳、TBSブリタニカ
(なお、引用にあたって表現や表記をわずかに変えたところもある)

立正大学教授の湯浅正彦氏からは、フィヒテに関する詳細な資料を送ってもらい、大変助かりました。また、末筆ですが、今回も講談社の所澤淳さんには大変お世話になりました。謹んで感謝いたします。

二〇二〇年一一月一〇日

コロナ禍のさなか、あらためて「私が死ぬこと」を考えながら。

中島義道

本書の引用文中に、現在では差別・偏見と取られる表現があるが、当時の時代状況を説明する歴史的資料であることを踏まえ、引用元の文章のまま掲載した。

講談社現代新書　2603

晩年のカント

二〇二一年一月二〇日第一刷発行

著者　中島義道（なかじまよしみち）

発行者　渡瀬昌彦
発行所　株式会社講談社
東京都文京区音羽二丁目一二―二一　郵便番号一一二―八〇〇一
電話　〇三―五三九五―三五二一　編集（現代新書）
〇三―五三九五―四四一五　販売
〇三―五三九五―三六一五　業務
装幀者　中島英樹
印刷所　株式会社新藤慶昌堂
製本所　株式会社国宝社
定価はカバーに表示してあります　Printed in Japan

N.D.C. 130　236p　18cm
ISBN978-4-06-522233-1

「講談社現代新書」の刊行にあたって

教養は万人が身をもって養い創造すべきものであって、一部の専門家の占有物として、ただ一方的に人々の手もとに配布され伝達されうるものではありません。

しかし、不幸にしてわが国の現状では、教養の重要な養いとなるべき書物は、ほとんど講壇からの天下りや単なる解説に終始し、知識技術を真剣に希求する青少年・学生・一般民衆の根本的な疑問や興味は、けっして十分に答えられ、解きほぐされ、手引きされることがありません。万人の内奥から発した真正の教養への芽ばえが、こうして放置され、むなしく滅びさる運命にゆだねられているのです。

このことは、中・高校だけで教育をおわる人々の成長をはばんでいるだけでなく、大学に進んだり、インテリと目されたりする人々の精神力の健康さえもむしばみ、わが国の文化の実質をまことに脆弱なものにしています。単なる博識以上の根強い思索力・判断力、および確かな技術にささえられた教養を必要とする日本の将来にとって、これは真剣に憂慮されなければならない事態であるといわなければなりません。

わたしたちの「講談社現代新書」は、この事態の克服を意図して計画されたものです。これによってわたしたちは、講壇からの天下りでもなく、単なる解説書でもない、もっぱら万人の魂に生ずる初発的かつ根本的な問題をとらえ、掘り起こし、手引きし、しかも最新の知識への展望を万人に確立させる書物を、新しく世の中に送り出したいと念願しています。

わたしたちは、創業以来民衆を対象とする啓蒙の仕事に専心してきた講談社にとって、これこそもっともふさわしい課題であり、伝統ある出版社としての義務でもあると考えているのです。

一九六四年四月　野間省一